HEINRICH GILLIS GÖRTZ
BAARLO

Bernd Ernsting (Hrsg.)

HEINRICH GILLIS GÖRTZ
BAARLO

Mit Texten von
Bernd Ernsting
Franz Joseph van der Grinten
Gerhard van der Grinten
und Joachim Peter Kastner

Wienand Verlag

Portraitfoto: Bruni Encke
Reprofotografie: Rolf Giesen, Archiv Heinrich Gillis Görtz

Die Deutsche Bibliothek – CIP-Einheitsaufnahme

Heinrich Gillis Görtz, Baarlo /
Bernd Ernsting (Hrsg.)
Mit Beiträgen von Gerhard van der Grinten …
– Köln : Wienand 1993
    ISBN 3-87909-348-2
NE: Ernsting, Bernd [Hrsg.]; Grinten,
Gerhard van der; Görtz, Heinrich Gillis;
Baarlo

© 1993 Wienand Verlag Köln
Alle Rechte vorbehalten
Gestaltung: Heinrich Gillis Görtz, Studio Vogel
Gesamtherstellung: Druck- & Verlagshaus Wienand

ISBN 3-87909-348-2

INHALTSVERZEICHNIS

FRÜHE ARBEITEN
1960–1980

Vor der Umarmung 1965 33,2 x 27,1 cm

Berg und Wolke 1965 26,5 x 26,7 cm

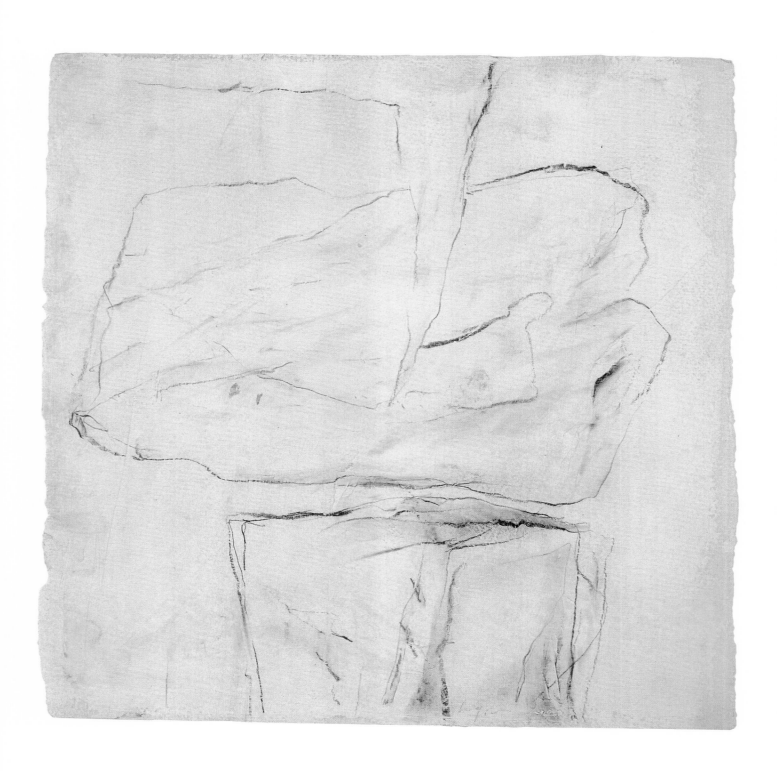

Spalt 1965 27 x 27 cm

Fond für eine Schöpfung 1965 47,7 x 47,6 cm

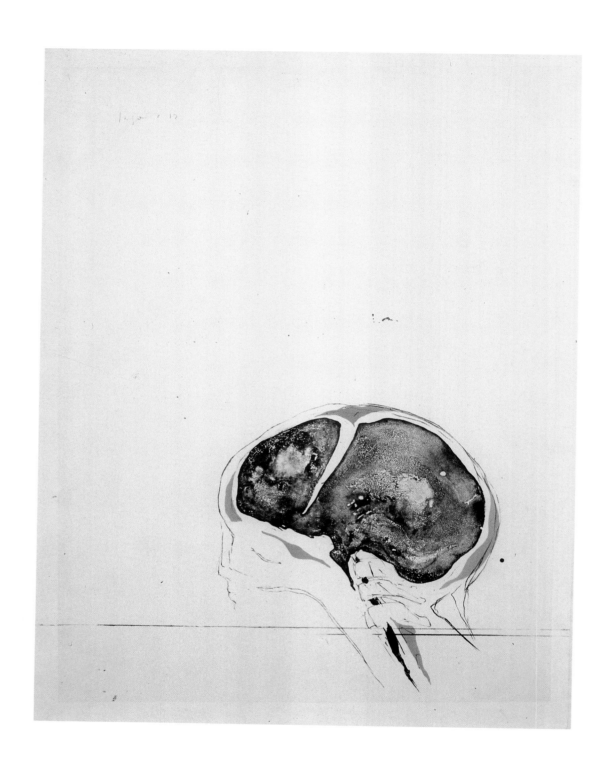

ZEREBRAL 1971 65,5 x 50,4 cm

Flug (Mythimna) 1977 150 x 97 cm

BAARLO
1980 – 1992

Bernd Ernsting
SCHWARZE SPIEGEL

Schwarz existiert, gilt es auch Odilon Redon als die unbedingteste aller Farben, nicht als absolut reiner, ungemischter Ton. Dunkel sind seine Nuancierungen, denen sich im unterschiedlichen Spiel des Lichtes und in der wechselnden Nähe fremder Töne die Erinnerungen anderer Farben verbinden, dem Auge sichtbar oder nur als Ahnung dem Verstande sich offenbarend. Dunkel und Geheimnis – Schwarz war stets Symbolfarbe des Mythischen und Irrationalen, mehr des unterbewußt Empfundenen als des begrifflich Erfaßten. Es mag kein Zufall sein, daß Schwarzkunst sowohl die Zauberei als ursprünglich auch die Kunst des Druckens meint. Noch den Zeitgenossen Gutenbergs galt der Drucker als Schwarzkünstler, und vielleicht zählen, herausgehoben aus der stumpf-empfindungslosen Realität einer Alltagswelt, Künstler wie Heinrich Gillis Görtz zu den letzten, wirklichen Magiern unserer Zeit, fähig zum Überschreiten von Grenzen in Wahrnehmung, Reflexion und Schöpfung.

In der Lithographie, im umkehrenden und damit auch transformierenden Spiegelbild von der Zeichnung auf dem Stein zum Druck auf großformatigem, weißem Papier, führt er uns die Schwarze Kunst vor Augen. Schwarz und Weiß – immer veranschaulicht diese Polarität den extremen Kontrast, die anscheinend vollkommene Unvereinbarkeit denkbar größter Gegensätze, und die Kluft zwischen beiden ist wohl unauslotbar tief, deshalb aber in der suggestiven Wirkung um so anziehender, in der künstlerischen Auseinandersetzung desto fordernder und fruchtbarer.

Dabei steht die Lithographie, steht das fertige Einzelblatt am jeweiligen Abschluß eines Prozesses, den mit Vorbereitung zu beschreiben eine unvollkommene Definition wäre. Denn die zahlreichen, den Baarlo-Zyklus entstehungszeitlich wie themenbezogen begleitenden Handzeichnungen sind seltener zielorientierte Studien, gerichtet auf einen konkreten Lithographieentwurf, als vielmehr Träger komplexer Funktionen innerhalb der Zyklusgenese.

Zunächst dieser Zyklus als solcher – nicht verwechselt werden darf er mit der Vorstellung einer Reihung aufeinanderfolgender, gewissermaßen sich selbst fortschreibender Blätter eines narrativen Kontextes. Anstelle linearer Erzählung tritt das universal orientierte, sinnlich interpretiert das panoptische Interesse einer breiten Horizontabtastung, die sich unabhängig von momentbestimmten Aspekten als im Einzelfall außerzeitlich und in der Gesamtwirkung als folgerichtig synchronistisch erweist. Insofern trägt der Baarlo-Zyklus, im Unterschied zu vorangegangenen Werkphasen wie dem Zerebral-Thema, keine Merkmale einer im engeren Sinne persönlichen oder übergeordneten Historizität. Und ein weiteres ist ihm konsequent zu eigen: das harmonische Miteinander der einzelnen Blätter, der Verzicht auf Entwicklung eines Szenarios, in dem etwa ein Prolog einen als solchen intendierten, Effekte evozierenden Höhepunkt vorbereitete. So homogen in sich die synchronistisch-panoptische Werkgenese verlief, so wenig gewichtend und vielmehr gleich-

berechigt nehmen die einzelnen Blätter ihren Part im Gefüge eines als Gesamtheit auf-
gefaßten Bildes wahr, eines Gesamtum- und -einblickes, der aus künstlerischer Autonomie,
verbunden mit einem hohen Grad selbstkritischer Reflexion, zu Recht den Status des in sich
Vollendeten und Abgeschlossenen behauptet.

Zeichnungen also begleiteten den Baarlo-Zyklus in seiner Entstehung, entwickeln und kom-
mentieren ihn, und daß sie hierbei doch nicht einer rein vorbereitenden Aufgabenstellung
unterworfen waren, belegt jede von ihnen auf schlüssige Weise. Dem Zeichner Heinrich
Gillis Görtz ist die Eigenständigkeit der Handschrift stets und im Vorliegen eines jeden
Blattes selbstverständliche Einschätzung und Anspruch an das Medium der Handzeich-
nung zugleich, darin ist er Autor im erweiterten Verständnis des Zeichenaktes als eines
denkend und fühlend zugleich bestimmten Schreibens, eines konsequenten Strebens, dem
Eindruck der inneren Vision sich in der bildhaften Emanation so weit zu nähern, daß ihr
Resultat vor der bereits angesprochenen, auch von Distanz zum eigenen Ich gestützten
Eigenreflexion Bestand hat.

Die Handschrift des Zeichners, betrachtet als gewissermaßen graphologisch deutbare Per-
sönlichkeitsoffenbarung, ist geprägt von hoher Sensitivität, und zwar sowohl des vibrie-
rend feinen Duktus' der Strichführung als auch der Schöpfung formaler Bildgegenstände.
Bei aller Spontaneität, wie sie der Zeichnung gegenüber allen anderen bildkünstlerischen
Ausdrucksmöglichkeiten originär und charakterisierend eignet, weiß Heinrich Gillis Görtz
sich doch in einer offenkundigen Verantwortung vor der zunächst noch weißen, unbe-
schriebenen Fläche, die einen abwägenden, in jeder Phase von präzisen Entscheidungen
gelenkten Werkprozeß zur Folge hat. Erst diese Entscheidungen lassen Vision und Phan-
tasie als mitteilbare Bildäußerung auf dem Papier entstehen. Die Flächenordnung wird
nicht etwa – was einen durchaus legitimen Weg beschriebe – experimentierend und darin
zwangsläufig auch unter Erreichung gelegentlich als unvollkommen empfundener Resultate
versucht; vielmehr werden die Koordinaten des vor dem inneren Auge bereits in seinen
wesentlichen Zügen existenten Bildes auf diese Fläche übertragen. Was der Markierung
folgt, ist sukzessive Projektion des eigentlich schon längst bestehenden, wenn auch bis
dahin nur dem Künstler sichtbaren Vor-Bildes. Darf denn überhaupt von Vor- und Abbild
hier die Rede sein, so deshalb, weil der Zeichner Görtz seine Zeichnungen einer Genese
verdankt, deren nachsinnende und bereits vor aller Bildwerdung reflektierende Kriterien
denen identisch sind, die der Maler Görtz seinen Gemälden zugrunde legt. Und so zeigt
sich, daß alle Bereiche seines künstlerischen Wirkens, seien es Malerei, Handzeichnung
oder Druckgraphik, denselben und gleichbleibenden Prinzipien ihrer jeweiligen Werk-
entstehung unterworfen sind.

Das Weiß des Grundes schafft den Blättern Heinrich Gillis Görtz' die Fläche, erst das
Schwarz der Zeichnung läßt die Suggestion von Tiefe zu: Ein Raum entsteht, auf dessen
vordere Begrenzungsfläche dunkle Formen projiziert werden. Die Raumgrenze als Bild-
ebene bleibt präsent, indem vom tiefen Schwarz bis zum zarten Grau das helle Papier
stärker wirkend durchschimmert, die Intensität der Farbdichte zwischen annähernd voll-
ständiger Abdeckung und lichter Transparenz variiert. Was die Lithographie, ausgehend
vom Akkord letztlich monochromer und zumeist schwarzer bis lichtgrauer Paletten, als Ergebnis zeigt, erfährt in der Handzeichnung eine spannungsreiche, an der Involvierung
mehrerer Farben orientierte Variation, denn diese Farbe hat nicht nur objektive Tonwerte,
sondern ist zugleich Träger und Faktor einer hervorgerufenen Bildstimmung. Der Umgang
mit der Farbe schließt nicht nur ihren jeweiligen, objektiv bestimmbaren Tonwert, sondern
vor allem auch die spezifische Weise ihrer substantiellen Einbringung mit ein. Zart und
transparent zumeist, dabei einander überschreibend und doch wieder durchscheinen las-
send, kann der Duktus auch den eben deckenden bis pastosen Gestus einer entschlosse-
nen Akzentsetzung beschreiben. Dem Weiß des Grundes kommt dabei eine stets hohe

Bedeutung bei, erlaubt es doch die Transluzidität aufgebrachter Farbmittel, denen es wechselnd Leuchtkraft und dunkle Intensität verleiht.

Was zunächst als Farbfläche erscheint, gewinnt durch künstlerisch-technisch erzielte Strukturen an Höhen und Tiefen; Farbkörper mit reliefartiger Oberflächenwirkung werden geschaffen, nicht fest gleich einer modellierten Masse, vielmehr weich wie lockere Nebelbildung, in einem einzigen Moment innerhalb dauernder Veränderung ihrer Konsistenz und Ausdehnung erfaßt und geschildert. Die Tusche wird mit dem Pinsel, auch durch richtungsmäßig gelenktes Verlaufen, durch Verdünnen oder Anreichern der Lösung auf den Stein oder die Platte gebracht. Hier schließt sie sich zu größeren Flächen oder dunklen Punkten zusammen, dort bildet sie streifige oder kreisende Wellen, immer verrät sie das bewußt vom Künstler eingesetzte Element des vermeintlichen Zufalls, der in Wirklichkeit doch ordnenden Gesetzen der Materie selbst unterliegt.

Dunkle Form auf hellem Grund bestimmt sich aus Kontur, aber führt diese keineswegs notwendig zur Silhouette. Eine Grenze als solche ist eigentlich nicht existent, denn fein und oft einem faserigen Gespinst vergleichbar ist der Übergang von Hell und Dunkel, die Linienführung folgt dem sicheren und erst darin wirklich freien Duktus der Hand, gebrochen, statt mit der Präzision eines Lineals gezogen. Um sichtbar zu werden, bedarf der schwarze Farbkörper des weißen Grundes, infolgedessen legt er sich ihm leicht und nicht lastend, eher einbindend als -schneidend auf. Die Kluft zwischen den Antipoden soll nicht überbrückt, sie kann aber bewältigt werden. Im behutsamen Miteinander gewinnen und vermitteln Raumgrund und Farbkörper ihre jeweils eigene Qualität, im feinnervigen Reagieren aufeinander setzen sie das Bild als Ergebnis des künstlerischen Prozesses in die sichtbare Wirklichkeit des Blattes frei.

Unregelmäßige Polygone bilden die Grundfiguren großer Kompositionen des Baarlo-Zyklus'; vorwiegend als in eine Richtung gestreckte Flächen betont, sind sie zumeist einer triangulären Kontur angenähert. Innerhalb des Gesamtwerkes von Heinrich Gillis Görtz ist ihre Entstehung über die Formchiffren von Vogelschwingen und -federn bis zu den Flugfiguren früherer Blätter und Bilder zurückverfolgbar. Entsprechende Assoziationen sind wohl dem Zyklus noch immanent, angesichts der zunehmenden Abstraktion gegenüber den Vor-Bildern liegen aber auch Erinnerungen an Schilfblätter nahe, wie sie die thematisierte Landschaft mit charakterisieren, weiter an Klingen, vorzeitliche Geräte, auch – als monumentale Erscheinung begriffen – an große Monolithe, rätselhafte Relikte längst verschollener Kulturen. Diese wie andere Anklänge sind vom Künstler keineswegs im Sinne erzählerischen Inhaltes als zwingend intendiert, sie bleiben offen in der Begegnung mit dem Betrachter. Die gedankliche Ungegenständlichkeit des sinnlich Gegenständlichen verliert sich deshalb bei aller formalen Abstraktion des Bildreflexes nicht ins Ungewisse, sondern bindet sich stets an den Ausgangsort und -gegenstand bildauslösender Momente, seien es Landschaften oder anthropomorphe Vorstellungen, zurück.

Einzeln und isoliert erscheinen die Großformen der Lithographien nie. Wohl ist jede auf sich selbst hin bezogen, konzentriert und meditativ versammelt auf das eigene Innewerden. Im Zusammentreten zur Gesamtkomposition aber verhalten sie sich untereinander nach Ordnungsprinzipien, die zuvor in kleinformatigen Zeichnungen studiert, erkannt und festgehalten sein konnten. Reihung als Methode meint dabei weniger Rapport als vielmehr Szene, neben- und übereinander angelegt erinnern manche dieser Gruppen an strenge Tanzfiguren, gestellte Szenenbilder abstrakter Figurinen. Wo sie sich berühren, selbst wo sie sich zu schneiden scheinen, bleibt doch ihre Präsenz als jeweils singuläre Form, bleibt ihre Kontinuität in sich selbst unversehrt erhalten.

Selbstverständlich und ruhig behaupten sich Einzelform wie Komposition auf dem Blatt, dramatische oder auch nur ausdrücklich gerichtete Bewegungen werden vermieden, die Formen genügen sich selbst und deuten nicht über den einmal gewählten Bildraum hinaus, in dem sie zueinander finden. Einzig das ruhige Verlaufsmoment auf der Vorlage, auf dem Stein oder der Platte gelenkte Tuschebahnen und -flächen, impliziert ein dynamisches Moment; doch auch ihm ist alles ungestüme, Unruhe assoziierende Drängen fremd, oftmals in sich selbst zurückgeführt, erinnern sie eher ein zeitlos ruhiges, bedächtig und nahezu kaum wahrnehmbares Fließen einer Ursubstanz. Das Verhältnis von Komposition und Fläche ist dermaßen ausgewogen, daß weder die Flächenbegrenzung gesprengt zu werden, noch der dunkle Farbkörper in sich zusammenzufallen Gefahr laufen, Ponderation im Sinne einer Stabilisierung der bildgenerierenden Motivelemente bleibt Ziel und Ergebnis.

Harmonie als stabilisiertes Chaos – dies mag widersprüchlich klingen. Und doch unterliegt die Fluktuation, die sich den Farbkörperstrukturen ablesen läßt, schon in deren Einbindung in die Blattkomposition einer Ordnung. Diese Ordnung meint hier ein Urprinzip aller die Wirklichkeit bestimmenden Abläufe; ist es auch nicht in letzter Objektivität zu entschlüsseln, so läßt es sich doch, etwa in den geheimnisvoll dunklen Wassern und Mooren, Wäldern und Feuchtwiesen von Baarlo erspüren und als schon im nächsten Augenblick überholte Momentaufnahme, als künstlerischer Reflex in den Blättern von Heinrich Gillis Görtz erkennen. Die teils an mediterrane Orte erinnernden, teils an einer dem Künstler heimischen, eben der niederrheinischen Landschaft festzumachenden Bildtitel deuten die Weite dieser Begriffswirkung, aber auch die dualistische Bezogenheit von Dunkel und Licht, von Schwarz und Weiß an.

Als erste Teile dieses Textes im Januar 1988 entstanden, war der 1984 begonnene Baarlo-Zyklus wohl noch nicht abgeschlossen, doch lagen dem Betrachter Weg und Ziel künstlerischer Absicht in den damals bereits vorliegenden Blättern weitgehend offen dar. In konsequenter Fortführung früherer Arbeiten erzielt Heinrich Gillis Görtz in diesen Lithographien einen Grad formaler Abstraktion, dessen subtile Stofflichkeit im Einklang mit dem gewählten Thema steht. Die schwarzen Spiegel der Teiche und Bäche von Baarlo, um frei nach Arno Schmidt zu zitieren, bewahren das Geheimnis um ein Urprinzip, das alle Daseinsform und jeden Wandel begründet. Versenkt sich der betrachtend Lesende in den Anblick der Blätter, so mag auch er etwas vom Wesen dieses Prinzips spüren; der Künstler ist ihm darin vorangegangen.

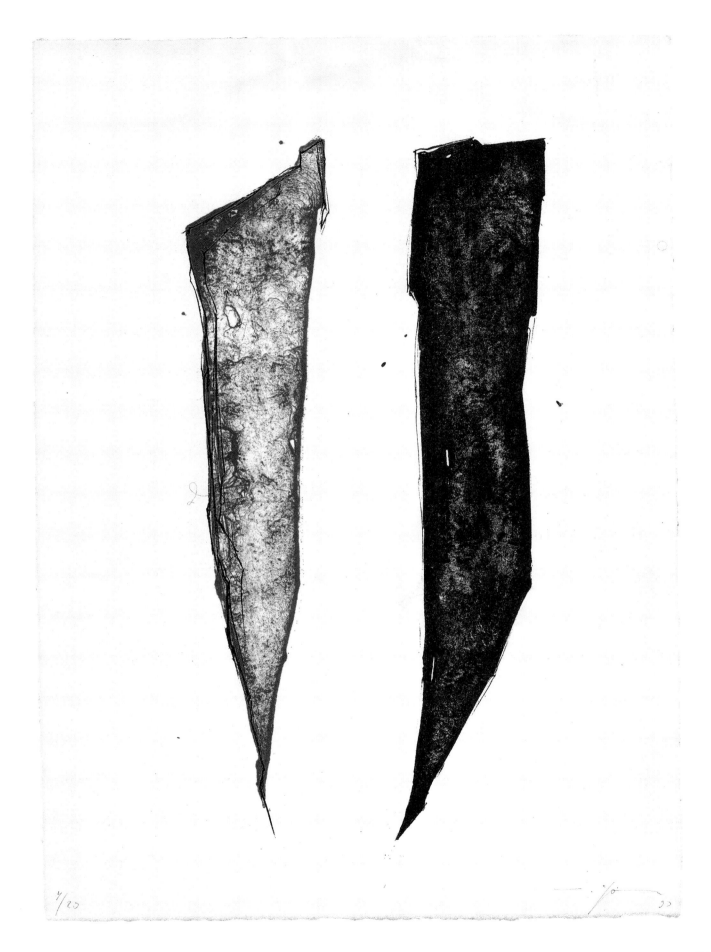

4/20

PEEL 1990 33,5 x 23,5 cm

Studie 1986 62,8 x 44,6 cm

Lichtvogel 1977/79 28,9 x 24,4 cm

Gerhard van der Grinten

HEINRICH GILLIS GÖRTZ:
WERKLAUF — SIEBEN GESÄNGE

I

Ich bin durstig nach fernen Dingen
Meine Seele schweift in Sehnsucht
Den Saum der dunklen Weite zu berühren
Rabindranath Tagore

Vor dem Handeln liegt das Schauen, vor dem Können, lange ehe ihm Übung dienlich wird, Erkenntnis. Und ist diese weitaus mehr als bloß das Rationale, der physikalische Akt des Sehens, Begreifens, die richtigen Schlüsse daraus zu ziehen; wie von alters sich Liebende wohl zu erkennen vermochten, ein gut Teil Magie.

Der Mensch lebt im wesentlichen von seinem Auge, und daß von seinen Sinnen nur der tastende ihm lebenswichtiger ist, gelangt ihm kaum je zu Bewußtsein. Als einziges Wesen, zumindest soweit wir es beurteilen können, mit den Füßen auf der Erde, dem Kopf aber in den Wolken und mit genügend freier Zeit, sich Gedanken zu machen, sucht er, nie zufrieden mit dem Sein, wie es ist, beständig nach Sinn und Weiterung. Fragt nach dem Wesen der Dinge und nach dem Wohin, sucht Gegensätze auszugleichen, Analogien herzustellen, Vergleiche zu ziehen. Doch ist es das Wesen der Erkenntnis, die Welt je mehr zu verrätseln, je tiefer man ihrer teilhaftig wird.

Wahrnehmung alleine ist problematisch genug, denn längst nicht alles, was an Eindruck auf uns zu- und einstürzt, fügt sich der Aufnahme; sobald sich die Aufmerksamkeit auf etwas richtet, wird alles andre ausgeschlossen. So ist das Erfaßte notwendigerweise immer nur Auswahl, und sehr subjektive, denn anders müßte der Verstand vor der schieren Flut der Information kapitulieren. Mehr ist weniger und erzeugt Indifferenz. Nicht selten ist es das Wichtige und Nächstliegende, das übersehen wird, und was außen vor zu lassen ist, liegt nur bedingt in bewußter Entscheidung. Die Konditionierung, die Fremdbestimmung durch Erziehung, Erfahrung, die un- und unterbewußten Schranken der Psyche wirken sich weitaus stärker aus, als die Beschränktheit der Physis. Man sieht eben auch vor allem das nicht, was man nicht wahrhaben will, und verdrängt es aus dem Blickfeld.

Keine Zwei sehen gleich. Im Universum, wie es die Relativitätstheorie versteht, befindet sich ein Jedes, jedes Teilchen, jedes Wesen, beständig in Bewegung auf einer Bahn durch Raum und Zeit, die sich untrennbar bedingen. Nie könnten zwei gleichzeitig auf derselben Bahn denselben Ort einnehmen. Alles Treffen, aller Eindruck, alle Offenbarung ist stets abhängig von dem Punkt, den das Berührte im Augenblicksgeschehen auf seinem Wege eingenommen hat und der im nächsten Moment schon ein anderer ist; und von denen, durch die es seine Reise zuvor geführt hatte. Wahrheit ist immer eine sehr subjektive und alle Aussage letztlich gültig nur für sich selber.

Das mag die Frage nach Originalität und Authentizität ganz neu beleuchten: Gerade die Kunst, die immer auf den äußeren Eindruck reagiert – und kein noch so abstraktes Gebilde, das ohne die sinnliche Erfahrung der umgebenden Welt entstehen könnte –, betrifft es in besonderem Maße. Auch sie eine Sprache, eine erlernbare, doch gänzlich andre als die der Worte. Drückt sie doch, wie die Musik, aus, was jenseits der Sagbarkeit liegt;

was sich aussprechen, niederschreiben ließe, nicht müßte es gemalt, gezeichnet werden. Und doch gründet in der Wahrnehmung die Notwendigkeit des eigenen Entstehens, reicht übers Erfahrene hinaus, gliedert, ordnet neu, erfindet. Will sie sich mitteilen, so ist sie wie die Schrift, die erst im Kombinieren ihrer Zeichen Verständlichkeit erzielt, auf Übereinkunft angewiesen. Nie ist, was sie wiedergibt, die Wirklichkeit des Abgebildeten; was sie zeigt, täuscht sie mit ganz andren Mitteln vor. Und dennoch ist sie Wirklichkeit durch den Akt ihrer Schöpfung. So wie alles Sehen radikal subjektiv ist, so ist alle Kunst, ihr Gelingen vorausgesetzt, gleich wie sie erscheint, gültig.

Wie die Wissenschaft hat sie stets nach neuen Eindrücken gestrebt, und was an Entdeckung angetragen wurde, sei's der Orient in Chinoiserie und Japonismus, seien es die Primitiven in Kubismus und Expression, seien es die Irren-, die Kinder-, die Affenmalereien als die biologischen Grundlagen, begierig aufgenommen und verarbeitet. Schließlich auch die Begegnung mit dem Makro- und Mikrokosmos als gänzlich neuer Sichtweisen der Welt. Erkenntnis ist nicht nur eine Frage der Perspektive, auch der Distanz. Und längst nicht alles, was ist, erschließt sich auch unbewaffneten Auges: Flugbilder, Weltraumblicke, Tiefseewelten und jene des Blickes ins Elektronenmikroskop. Daß in dem so weit entfernten Riesenhaften und dem unsagbar Kleinen schließlich wieder Affinität und Analogie liegen, muß eine überraschende Erkenntnis gewesen sein. Und hat doch seinen Grund darin, daß es letztlich der gleiche Stoff ist, aus dem alles besteht, das Gewaltigste und das Unscheinbare, manchmal sogar der, aus dem die Träume sind.

II

Im Inneren ist eine Kuppel,
deren Höhe das Auge nicht ermessen kann;
Ihre Schönheit ist verborgen und
sichtbar zugleich.
Gern würden die leuchtenden Sterne
ihre Wanderung am Himmelszelt abbrechen,
um hier für immer zu verweilen.
Ibn Zamrak

Heinrich Gillis Görtz stammt vom Niederrhein, jenem Landstrich, den die beiden Flüsse Rhein und Maas eingrenzen. Seine Geschichte reicht weit zurück, wenn sie auch nie lautstark vordergründig war, und wer hier geboren ist, der trägt sie mit sich; und auch die vielgraufarbige Melancholie dieses Zweistromlandes, eine ausgeprägte Neigung zur Querköpfigkeit, die die preußischen Besatzer stets abständige Haltung fürchten ließ, eine bohrende, wenn auch völlig sprunghafte Nachdenklichkeit und eine ganz eigene Form von Schalk.

Den letzten großen Krieg hat er als Kind noch erlebt, sein Vater ist darin vermißt geblieben, und nicht zuletzt dieses Erlebnis mag wohl die suchende Seite seines Wesens ausgeprägt haben, wie auch die Grundbefindlichkeit einer gewissen verletzlichen Ausgesetztheit. Die Nähe zu Holland, wo man bei gleichen Problemen zu ganz anderen Lösungen gelangt, hat dem Grenzbewohner das kritische Bewußtsein gegenüber aller Absolutheit geschärft; ohnehin, wer solcherart benachbart wohnt, lernt die Dinge aus mehr als einer Perspektive sehen.

Wie bei vielen anderen seiner Zeitgenossen, Joseph Beuys etwa oder Rudolf Schoofs, hat er zunächst eine außerkünstlerische Ausbildung durchlaufen, die zum Entwerfer für die Textilindustrie, hat sich als Angestellter in Abendkursen der nahen Krefelder Werkkunstschule weitergebildet und anschließend dort erst und an der Kunstakademie in Düsseldorf

Malerei und Graphik studiert; dort bei Rolf Sackenheim, hier bei Macketanz, Hoehme, Götz, Faßbender; darüber hinaus war die Begegnung mit Crummenauer nachdrücklich. Einflüsse sicher allesamt, Vorbilder wohl weniger, die Akademie hat er für sich als Freiraum verstanden, als Experimentierfeld, weniger als Ort schulischer Ausbildung; die eigene künstlerische Sprache war in ihren Gründen längst angelegt. Für sie spielte das Informel, Zeitstil und zugleich Reaktion auf das, was in vorangegangenen zwölf Jahren doktrinär verordnet war, eine nicht geringe Rolle. Doch hat er sich dem informellen Hang zum reinen Automatismus, der bei nicht wenigen in der Folge zu leerer Virtuosität geriet, frühzeitig entzogen. Der ernsten Suche dient die pure Geste nicht. Schon die frühen malerischen Zeichnungen lassen im durchschimmernden Übereinander von Strich und Spachtelmasse die Neigung zur Vielschichtigkeit erkennen und ein größeres Interesse an Inhalt und Form, als es dem Informel zu eigen gewesen wäre.

Es mag darum nicht verwundern, daß er als wichtige Eindrücke die Werke Roberto Mattas nennt, des Surrealisten, mit dem ihn durchaus eine formale Verwandtschaft verbindet. Wie auch jenen Joseph Beuys, dem er auf einer der frühen Kranenburger Stallausstellungen begegnete. Mit letzterem teilt er nicht nur die nahe Herkunft, sondern auch ein gut Teil Geistigkeit und das große Interesse an universeller naturwissenschaftlicher Bildung. Neben den direkten Zeitgenossen lassen die Anreger aus der Kunstgeschichte sich anführen, die Görtz durchaus als Gegensatzpaare versteht: Hercules Seeghers und Saenredam, Pollock und Mondriaan, bildhaft je der eine aus der Fülle phantastischer Vorstellungskraft, ohne in Beliebigem zu verweilen, der je andre von kompositorischer Strenge, bewußter Einschränkung, Reduktion. Das eine schließt das andre nicht aus: vielmehr erlauben die Pole, sich in einem dialektischen Spannungsfeld zu bewegen: zwischen Wuchs und Kalkül, Treiben und Idealgestalt. Textur als das, was sich als Ebene offenbart, und Struktur, die dahinter sich verbirgt, Fläche und Bau. Im übertragenen Sinne schließlich Eigenart und Generalisierung, die Autonomie des Individuums und die gesellschaftliche Norm.

Auf einer ersten Reise nach Marokko und Südspanien, nach Sevilla, Cordoba, Granada, kam das Erleben einer ganz andren Kultur als der heimatlichen hinzu: der mediterranen, orientalischen der Mauren als Entgegnung auf die nordische des Okzidents. Vor allem in der Architektur: der Kathedrale von Cordoba, der Alhambra. Jene so ganz und gar andere Schönheit fast mystisch überhöhter Geometrie, kristallin; abstraktes Sinnbild einer Kultur, in der das Abbild, wo nicht völlig verboten, so doch ungelitten ist. Das Auge wird bewegt, doch die Gedanken bleiben frei, ein Ideal, das völlig verschieden von dem fesselnden, dem psychologischen des Abendlandes ist. Ibn Zamraks Verse zieren den Saal der zwei Schwestern in der Alhambra viel mehr als Ornamentband selbst Bildträger. Die islamische Kultur geht den umgekehrten Weg, läßt das Wort an die Stelle des Bildes in seiner Verkürzung treten. Auch dieses Element, das kalligraphische, hat sich in den Arbeiten von Görtz niedergeschlagen, ohne jedoch zu Dekor oder allzu billigem Exotismus zu verkommen; und auch das alles durchstrahlende Licht des Südens. So befruchtend die Begegnung mit der Fremde war, hinterließ sie doch das Gefühl, nun in beiden Welten ein wenig unbehaust zu sein.

Er schaut zu
Gottfried Benn

Bilder in einer Glasröhre, Erscheinungsformen eines Tropfens

Sein Lehrer Macketanz zum einen, die Bekanntschaft mit dem Werk Gerald Manley Hopkins' zum andren schließlich ließen Görtz sich mit den außerkünstlerischen Bildwelten beschäftigen. Macketanz hatte ihm geraten: »Glauben Sie nichts« und damit gemeint: zumindest nichts, was nicht selbst nachprüfbar wäre. Hopkins, Zeitgenosse, Freund und Taufkind Kardinal John Henry Newmanns, konfrontierte ihn durch seine Essays und Gedichte mit der Begrifflichkeit des Naturschönen: die Ästhetik eines Kastanienblattes ebenso wahrzunehmen und zu achten, wie die eines Kunstwerkes.

Das Schöne an sich, das Naturschöne und das Ästhetische nehmen einen wichtigen Platz ein. Daß Schönheit allzuleicht als unzeitgemäß oder oberflächlich abgetan wird, dessen ist er sich bewußt. Unser Kulturkreis neigt dazu, was gefällt, herabzusetzen, als wäre nur, was unansehnlich, häßlich und bedrückend ist, ernst zu nehmen und gelte der Kunst nicht das Recht, einfach nur schön zu sein. Dem sei erwidert: die als Idealmaß geltende griechische Antike und die italienische Renaissance waren alles andre als beschauliche Zeiten und die wohl sinnenhafteste Blüte der Kunst in Deutschland, der Barock, war direkter Reflex auf den bislang verheerendsten aller Kriege, den dreißigjährigen. Darüber hinaus hat sich in den naturwissenschaftlichen Disziplinen die Auffassung durchgesetzt, daß zur Verdeutlichung von Modellen, Aufnahmen, Präparaten, zum Einfärben und Kontrastieren gewisse ästhetische Qualitäten nicht nur dienlich, sondern förderlich sind. Jene, die dem Auge angenehm und schön und reizvoll erscheinen und nicht nur Bedingung aller Umwelt, auch der Kunst sind.

Görtz' Beschäftigung mit den Naturwissenschaften geht allerdings nicht vom genuin wissenschaftlichen Ansatz aus. Ihm dient die Kunst als Mittel der Wahrnehmung, das Zeichnen als Instrument, sich von der Welt ein Bild zu machen, zu klären. Beuys hatte es dahingehend die Verlängerung des Gedankens geheißen. Der Vorstellung nach, daß Struktur ist, was von der Erscheinung Kunde gibt, geht die Suche nach der inwendigen, der eingeschriebenen Form der Dinge; was zu entschlüsseln ist, tut dies im Nähern anders: die scheinbare Einfachheit des Baus einer Muschel gibt seine Komplexität, die Teilungen, Verkürzungen und Schrägen erst intensiver Betrachtung frei. Die Suche nach dem Kern aller Dinge, auch wenn sie bisweilen leicht faustisch erscheint, ist frei von Selbstzweck. Vielmehr Methode, Übung, Training, Kreativitätselement: Fremde Bilder aufzufinden, die letztlich den eigenen entsprechen, so wie man ja stets doch in allem das sucht, was einen innerlich beschäftigt und bewegt.

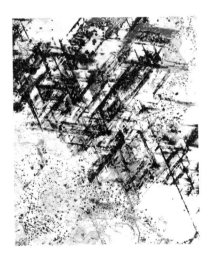

Solcherart Naturstudium liefert Grundstoff, Material, sei es die Krümmung der Muschel, sei es ein Wassertropfen in der U-Bahnleuchte und sein Vibrieren in der Fahrt, das eigentümlich in den Schwingungen und Bewegungen der Teilchen im Atomkern Entsprechung fand: Aufgefundenes, aus dem sich schöpfen läßt. Die Maßgaben der Erfahrbarkeit erlauben es, Modelle zu entwickeln und auf die ungesehenen, unerhörten Welten zu übertragen: Teilchenwolken, Dichteverteilungen, Strukturgitter, Raster. Wie jene der Astronomie, der Teilchenphysik und der Chemie, sei es durch Analogieschluß, sei es durch digitale Auflösung, so vermögen auch die zeichnerischen zu vermitteln und allerlei Verschiedenes zu fügen: Sonnenblumen und molekulare Verbindungen.

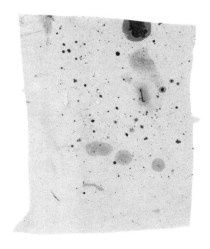

Görtz hat über die Jahre eine umfangreiche Beispielsammlung an Abbildungen zusammengetragen, eigene und vorgefundene, zur Mikroskopie, Astronomie und Tiefseeforschung, solche, die durch die Behandlung des Gegenstandes ins Auge fielen, ob sie nun Einzigartigkeit betonten oder Masse strukturierten. Und einen ebensolchen Fond an Materialien: kleine Kästchen mit Muscheln, Kristallen, Wismuthschmelz; einzelne und ihrer

viele; Herbarisches: Samen, Pollen, Blütenblätter. Ein Kaleidoskop, das universale, das atlantische Prinzip des Alchemisten.

Treffenderweise trägt ein Band, der ihn nachhaltig angestoßen hat, beide Momente im Titel: Gyorgy Kepes' »The new Landscape in Art and Science«. Eine der ersten Veröffentlichungen, die sich mit der ästhetischen Seite der mikroskopischen und molekularen Bilder befaßte. Bilder einer Welt, die um so fremder ist, als sie nicht auf optischem, sondern auf elektronischem Wege entstehen, da keinerlei Vergrößerung so tief zu dringen vermag. Ihr geht jede Unmittelbarkeit ab: was uns sinnlich wahrnehmbar erscheint, Farbe, Ausdehnung, Kontur oder Temperatur, fehlt ihr. Was Schein ist, was Realität, was tatsächlich, was Kopfgeburt, langt hier an seine Grenzen. Wer sich in dieses Maß begibt, läßt sich auf eine imaginäre Reise ein.

IV

Daß sich der Strahl bereits zur
Heimkehr schicke,
Dorthin, von wannen alle Strahlen
stammen.
Friedrich Rückert

Kurz nach seiner Rückkehr aus Marokko fiel Görtz ein Bericht in einer Illustrierten in die Hände, eine Reportage mit Photographien ungeborener Kinder. Und blieb fasziniert von dem, was er gesehen hatte. Damit hatte er sein Thema gefunden, oder hatte vielmehr vielleicht sein Thema ihn aufgesucht. Eine fast zwangsläufige Entscheidung für die dunkle, nordländische Seite seines Wesens, gegen die gerade erfahrene südliche Helle, die so heiter nun auch nicht ist. Allerdings keine ausschließliche, denn in seinem Werk finden sich weiterhin etwa auch intensive landschaftliche Bezüge, die die früheren fortsetzen. Vor allem das Moment der Transparenz hatte ihn seit Jahren umgetrieben. Doch auch intensives Aktstudium und die klassische Beherrschung der Mittel merkt man selbst seinen dem Gegenstand fernsten Arbeiten an. Entstanden war schließlich eine Reihe Akte auf Transparentpapier, aus je mehreren Lagen bestehend und sich erst gemeinsam zum Bild ergänzend. Aufgelöst in Lichtlinien, Umriß, Schattenflecke, Körper modulierendes Lineament. Je für sich vom Gegenstand weit entfernt, und doch wie bei Mondriaan oder van der Leck der Weg vom Bild aus zur Abstraktion genommen. Ohnehin können beide, Gegenständlichkeit und Abstraktion, nur Näherungswerte des Abbildhaften sein, aber keine Gegensätze. Die Schattenflecke nehmen die späten großen Kompositionen vorweg in ihrer hermetischen Teilung von Figur und Grund. Ohne ihren Umriß entziehen sie sich der Nachvollziehbarkeit.

Die Faszination am Transparenten hat wohl auch darin seinen Grund, daß das Licht selber der Urstoff aller Kunst ist und sie nicht anders als bei Lichte sichtbar werden kann, das Durchscheinen aber nicht nur gedankliche Klärung und Analyse, auch aller Art Kombination, Gleichzeitigkeit, Vielschichtigkeit, Überblendung und Verdichtung der Bildebenen ermöglicht. In der Praxis war er damit durch die transparenten Vorzeichnungen für seine Druckgraphik, allesamt vom Anspruch her autonome Zeichnungen auch für sich, vertraut. Nun suchte er sich sein Instrumentarium durch mehr oder minder durchsichtige Mittel zu erweitern: Paraffin, Kunststoffe, Wachs.

Der erste Schädel schlug sich bezeichnenderweise auf einem Transparentpapierbogen über einer älteren Zeichnung nieder, die nach Ausmaß, Proportion und Form wohl einem Gehirn zustatten kam. Es blieb nicht bei dem ersten, eher beiläufigen Eindruck. Wie um sich dem Ernst des Themas angemessen und präzise zu nähern, wurde er beim Röntgenologischen Institut der Medizinischen Akademie Düsseldorf vorstellig und durfte dort Röntgenbilder studieren und schließlich in der Anatomie Präparate menschlicher Föten, deren Stofflichkeit man durch den Austausch der Körperflüssigkeiten durchscheinend gemacht hatte. Den durchsichtigen Menschen so in aller Fragilität und Verletzlichkeit zu sehen, muß ein äußerst erschütterndes Erlebnis gewesen sein. Görtz fertigte drei kleine Zeichnungen des Kinderschädels an, sie sollten Stoff für die nächsten Jahre werden, denn nie wieder kehrte er, das einmal Überprüfte neu zu besehen, zurück.

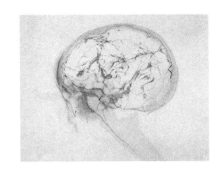

Das Thema rührt an eines der wenigen letzten Tabus unserer Gesellschaft: Der extrahierte Embryo, der, gleich ob aus Egoismus oder Verzweiflung dem Uterus entnommen, in seiner hilflosen Verletzlichkeit schutzbefohlen jedoch nur im Mutterleib zu sein scheint; – wie wäre denn die Ächtung der Extraktion einerseits und andererseits die große Gleichgültigkeit dem geborenen Leben gegenüber sonst zu erklären. Dann die Erfahrung, daß das Gehirn, nicht das Herz als Sitz der Seele, dem bewußten Leben seine Determinanten setzt, Hort der Sprache, Mimik, Geste, des Tuns, der Überlegung. Und erschreckend verletzlich. Doch ist dies hier kein spekulatives Stochern in Entsetzen und Ekel. Nichts Makabres, keine unerfreuliche Morbidezza, wie sie den Ruf manch zweifelhafter künstlerischer Zeitgenossenschaft ausmacht. Görtz' Bilder tragen die Neugier des Entdeckers zwar, doch auch Ehrfurcht und Melancholie, es ist die eigene Erschütterung und nichts weniger als jene unsägliche Betroffenheit, die seine Haltung ausmacht. Empfindsamkeit, Sensibilität zu schärfen, die Absicht; der Appell, anders mit dem Andren, mit dem Leben umzugehen, auch mit dem werdenden, doch ohne jede moraline Säuerlichkeit. Es geht darum, Leid und Verletzlichkeit erfahrbar zu machen.

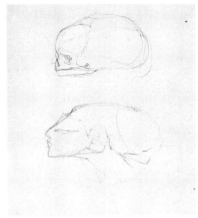

Was andernorts abstoßend wäre, hier ist es beinahe beunruhigend schön und eben doch nicht Ästhetizismus. Alles gemahnt an das Organische. Der Weg führt von der Abbildung weg, mit dem Fortschreiten lösen sich die Binnenfläche des Schädels und auch seine Umgrenzung mehr und mehr auf, treten in Korrespondenz, in andere Zusammenhänge, werden verfremdet. Die Kontur umspielt die Form, Ränder streben zu neuer Wesenhaftigkeit. Kontinentalplatten, Dünste, Wolken, Wirbel. Etwas sehr Großes in sehr weiter Ferne, Kleinstes in äußerster Näherung.

Dem gesellt sich die innere Überblendung von Werden und Vergehen: dem Schädelchen entgegnet das Becken; Zentralorgan das eine, Zentralgestalt und stets mittig gesetzt, das andere Schutzbarriere, Tor des Lebens. Zehn Jahre erscheinen sie nebeneinander her, ehe sie ein erstes Mal auf ein und demselben Blatt korrespondieren. Die Form erschöpft sich nie, mal Lineament, mal gänzlich flächige Komposition, mal einem Horizont zugeordnet, ein anderes Mal einer Lotrechten. Dem Schädelchen eignet die Kinnpartie nicht, sie ist, Willensaspekt, ins Ungefähre zurückgenommen. Schließlich bleibt nur die untere Schädelkontur, eine geschwungene Gedankenlinie zwischen In- und Extrovertiertheit. Vom Becken nur die Klammerform. Sie umschließt auf einem Blatt wie die Ringe des Saturn das Haupt als Planeten. Und ist der Prozeß der Geburt von sich aus einer der Trennung, der Teilung, so tritt als ein weiteres Leitmotiv der von der Klammer abgeleitete Spaltriß auf, zeichenhaft für Zerissenheit und Leid und – Gewalt auch als psychische Bedrohung – für Bewußtseinsspaltung.

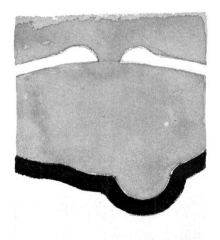

Noch in den Zerebralverfremdungen prägt sich die Figur des Vogels aus, entspringt dem Schädelansatz, dem sogenannten »Türkensattel«. Ein Gedankenflug in der Gehirnschale, ein Traum, noch eingeschlossen und gehalten. Wie der Phoenix ein Symbol der Wiedergeburt. Spät erst schwingt er sich frei, ein kleiner Engel, Seele. Und Beschützer. Neben diesen sind immer auch Mädchenbilder entstanden. »Mädchen mit Seelenvogel«, heißt eines.

V

Mit der inhaltlichen geht immer auch eine äußerliche Fluktuation einher. Phasen der Auflösung und Zergliederung wechseln mit denen der Verdichtung, der Komprimiertheit. Reduktion pulst Fülle. Das Zerstreute erwidert der Konzentration. Der Vogel, von seinen Fesseln, seinen Ursprüngen befreit, löst sich schließlich selber auf. Das Erhobene, die Schwingen ausgebreitet, trennt sich in Korpus und Flügel und am Ende bleiben diese alleine, paarweise, einzeln. Auch dies, wie nichts von ungefähr kommt, hat sich schon in einer frühen Arbeit angedeutet, die scharfgeschnitten betonten Schwingen erscheinen erstmals 1964 in der Folge »Menschenvogeltanz«.

In der Vervielfältigung dann in den »Spielen auf Baarlo«. Baarlo ist der Ort der eigenen Kindheit, ein benachbartes Gutsgehöft. Der Name bezeichnet von alters her einen Hain im Wald, eine Lichtung oder eine feste Erhebung im Sumpfland. Stellen also, denen man wohl magische Qualitäten zusprach. Er hat auch dem großangelegten späten Baarlo-Zyklus den Namen gegeben, den eine Sammlung, einen Atlas imaginärer Reiseziele und verwandter Orte zu nennen wohl nicht vermessen wäre.

Überhaupt hat es mit den Titeln, die Görtz seinen Arbeiten zu geben pflegt, eine eigene Bewandtnis. Oft eignet ihnen große poetische Qualität: Dinge »Mit vieldeutigem Leuchten«, ein »Tauchen nach Strahlen«, dann »Ein Schritt und nichts mehr«, »Schielende Blumen«, »Blühe kleine Aster«. Letzteres mag auf Gottfried Benn verweisen, erstere auf Masson. Anderes wie »Zerebral« liegt offen. Doch erklären die Titel nichts. Manches kombiniert mit der so anderen Sprache der Worte weitere Facetten, viel mehr noch verschleiert, macht vieldeutig, was die Worte deuten könnten. Wieder andere fügen sich assoziativ und allesamt erst nach dem Entstehen; die Sprache der Kunst sucht sich die Worte, nicht umgekehrt. Schließlich jene, die es ihrer Melodie nach tun. Im Gedanken an ferne Orte wie »Masut« und »Chesme« und »Yilderim«. Andere wie »Elst« und »Ijssel« sind nah. Es mag keine inhaltliche Verbindung sein, eher gedankliche Annexion. Auch sie alle zwischen Nebelland und Orient.

In den »Spielen auf Baarlo« macht sich das kalligraphische Element, wie es aus dem Maurischen erfahren war, geltend. Ungewöhnlich gefüllt, ja als machte sich ein Schwarm auf oder wehte der Wind Herbstlaub wirbelnd, tummelt es sich über die Fläche. Anlaß waren ihnen die Rinden eben jener Bäume, die die Einfahrt zu Baarlo säumen. Auch diese verletzt, Zeichen, Buchstaben, Monogramme, in sie eingeschrieben, eingeritzt, geschnitten, werden sie beinahe wieder figürlich, Mengen, Massen, Turbulenzen, heitere durchaus.

Die Heiterkeit verliert sich zum Baarlo-Zyklus hin, der Hintergrund ist ein ernsterer, das eigene Kränkeln, das schließlich zur leiblichen Gefährdung führt, zu Operationen, langer Genesung und doch noch nicht völliger Wiederherstellung. Die Formsprache ist monumentaler geworden, reicht in der Ausdehnung bis an die Grenze des im Steindruck Machbaren. Inhaltlich konzentrieren sie sich auf weniges, Flügel, gefältelte und breitschwingige, vereinzelt schmale wie Scherenblätter. Weniger ist es Komposition, als organisierte Fläche, Reihung weniger Elemente; Statik wechselt mit rascher Bewegtheit, die Fläche ist spannungsgeladen; wie es dem Landmenschen ansteht, wohlbestellt. Alles was geschieht, ereignet sich zwischen Umriß und Fläche; was einmal Schwinge war, nun ähnelt's zuweilen eher dem Windmühlendreiecksflügel, dem Sonnensegel. Bespannte Fläche, atmend, gebauscht von dem, was sich in ihr ereignet. Die Schärfe der Kontur nimmt zu mit dem Bewußtsein der eigenen Verletzlichkeit und Verletztheit. Wo Flügel schlugen, starren jetzt Messer, Dolche, Klingen, Speerspitzen, Skalpelle. Schnitte im Chaos; dort, wo Kunst entsteht, wird der natürliche Zustand der Entropie, das größtmögliche homogene Durcheinander, aufgehoben, gebannt, in Form gezwungen. In den neusten Arbeiten, den »Messern der Zeit«, den »Erdschatten« ist von Schwinge und Flügel nur mehr der Lichtschlag geblieben, der Schattenwurf. Das Überblenden und Durchschimmern greift in die Zeit aus, Lichtquelle und Verdunkler in den kosmischen Raum.

VI

An keinem Ort in Persien
Ersteht der Frühling
So blühend aus der Erde
Hans Bethge

Wenn Görtz auch vorzugsweise als Druckgraphiker in Erscheinung getreten ist, so läßt sich doch kein qualitatives Übergewicht der Malerei und Zeichnung gegenüber ausmachen. Die Mittel sind je den Disziplinen entsprechend eingesetzt, das Erscheinen aber wahrt die Homogenität des Werkes. Was hier erdacht wird, erfährt auch in der je anderen Variante Überprüfung. 1963 hat er schwerpunktmäßig zunächst begonnen zu radieren, später, 1969, sich auch der Lithographie zugewandt. Beides Techniken, die sich heute eher geringer Verbreitung erfreuen dürfen. Entsprechend knapp ist die Zahl der Druckwerkstätten, die über das notwendige Equipment verfügen, und es ist schwierig, sich solches noch anzuzeigen. Dem Einsatz der Lithographie ging zunächst die anhaltende Suche nach brauchbaren Maschinen voraus. Beider Maßgaben und Handfertigkeiten hat er sich erarbeitet und in der Beschäftigung seinen Anforderungen entsprechend verfeinert. Die Lust am Experiment ist ihm nicht verlorengegangen, und so entgegnet der technischen Brillanz die ausgefallene Anwendung.

Graphik verlangt nicht nur den Zugriff auf ihr Werkzeug, sondern auch präzise Vorausschau, soll das Ergebnis dem Vorwurf genügen. Unwägbarkeit bleibt im Akt des Ätzens und Druckens genug. Das Informel war ihm dankbare Schule, eben nicht dem Gestikulieren zu trauen, sondern genau zu sein und mit dem scheinbar so Spontanen, Hingeworfenen sorgfältig zu verfahren, den Vorgang des Zeichnens übend zu wiederholen, um den Punkt des größtmöglichen Ausdrucks zu erreichen. So entstehen selbst für die zeichnerischen Blätter, nicht nur für die transparenten Überträge der Druckgraphik, Vorstudien und Skizzen. Der Grundeinstellung, Ideen präzise zu formulieren und nicht dem Ungefähren, Beliebigen zu überlassen, entspricht die eigene Lehrtätigkeit ab Mitte der sechziger Jahre an der Fachhochschule für Gestaltung in Krefeld. Die Aufgabe erfordert einen hohen Grad an Offenheit, beinahe Extrovertiertheit der Aussage und genaue Verständlichkeit. Das Herkommen aus der angewandten Ausbildung und die eigene Tätigkeit darin haben den künstlerischen Horizont nie nachteilig beeinflußt, eher ist es so, daß die Nähe zur Handwerklichkeit den Umgang mit dem Drucken begünstigte.

Die Lithographien, wenn auch manche monochrom leuchten, sind überwiegend schwarz gehalten. Schwarz aber in allen Variationen, sei es durch die Nuancen des Tones selber, sei es durch die Intensität des Druckes, die Tiefe des Auftrages, sei es durch den Klang, die Oberflächenbeschaffenheit des Papiers.

Erst der Inhalt hat Farbigkeit notwendig gemacht, doch ist sie stets eine gedeckte, chromatisch gebrochene, eine verhaltene Skala, tonig. Nie hat sie die dominierende Rolle zugewiesen bekommen; sie dient vielerorts wie die wachsbleiche, sanfte Einfärbung eines

Präparates, an anderen ist sie lebhafter, korrespondiert aber, wie in den »Spielen auf Baarlo«, in kleinen Mengen dem Ton der Fläche. Selbst in der Malerei, der er sich relativ spät erst wieder zuwendete, erscheint sie nur verhalten, auf wenige Klänge reduziert, in zartfarbigen Stufungen. Und selbst was schmerzend erscheint, gellt nicht. Auch hier gilt der Anwendung keine Beschränktheit, Ölmalerei entsteht neben dem Aquarell. Das letztere ist in seinen schimmernden Untiefen, den unbedingten Räumen, den Radierungen mehr als verschwistert, auch dem Fluß der Lithotusche. Es ersteht als Bild erst im lasierenden Übereinander, wo die Malerei ihre Untergründigkeit nur im Durchbruch, im Ausblick entläßt.

VII

*Das Hauptanliegen des Künstlers
ist immer, kein Toter zu sein.
Dabei ist beinahe jeder tot, ob er Maler ist oder nicht.
Das Problem der Inspiration ist einfach das:
Wenn man arbeitet,
zu einem bestimmten Moment ganz lebendig zu sein.*
Robert Motherwell

Die künstlerische Erscheinung weist die Errungenschaften der Gestaltung, die Eleganz des Designs auf: die Ansprechbarkeit, den unmittelbaren Zugang, die Wirkung von Sinnenreiz und Grazie. Die klägliche, beinahe weltanschauliche Trennung zwischen Ernst und unterhaltender Anmut, wie sie wiederum nur unsere Nation kennt und hochleben läßt, ist diesen Arbeiten fremd. Aus Ernst entstanden und nicht selten aus Schwermut und Bitternissen, aber doch auch Lust an der Schöpfung und am Gelingen, leugnen sie ihre Schönheit nicht. Und Schönheit ist ja doch nie solche nur der Oberfläche. Und Kunst im Letzten auch Modell. Ein Lebensentwurf. Ein Ideal.
Dieser Anspruch, den Görtz an sie richtet, ist nicht gering. Die Mittel, in welcher Größe auch, übermannshoch oder postkartengroß, mit gleichem Einsatz und gleicher Finesse angewandt. Die Haltung neigt dem Klassizismus zu. Leise, still, aber weit gedacht. Kein lautes Geplärr, wildes Gestikulieren, keine Hektik. Was turbulent, tumultuarisch erscheint, gründet immer im Wesen des Werks, organisch, unaufgesetzt.
Grund und Figur sind, weniger in den frühen Werken als in den späteren offenbar, die einander Bedingenden. Der Grund Gewebe an sich, durch den Druckgrat der Platte, die Struktur des Steins, den Farbauftrag. Die Linie haarfein auf der Schwelle zwischen zwei Gründen, als trennte sie, wie die Gegenwart zwischen Zukunft und Vergangenheit, die beide nicht sind, nur im Augenblick scheidet, zwei nicht ganz Existente. Oft füllt die Fläche farbig den so vorgegebenen Umriß nur, zuweilen füllen Linien die Form in rasanter Verdichtung, kreuzen die Farbe, und diese wiederum deckt Linien durchlässig zu.
Die Fläche ist lebendig. Atmet, was sich auf und in ihr ereignet: Fluß und Gerinnsel, Kruste und Einschluß, gleich, ob sie sich in einer Farbschicht niedergeschlagen hat oder ob der Ton sich im Überlagern erst aufbaute, changiert und der eine Klang den andren nicht deckt. Irrlichterndes Aufscheinen im Sonoren, untergründiger Glanz, Äther, Schemen, scheinbare Flüchtigkeit.
Die Linie huscht über das Blatt, die Fläche, ungleich, manchmal stockend, wie nachdenklich innehaltend. Ob im Strich, ob in Aussparung zweier Blöcke. Nichts belanglos, alles bedachtsam, wenn auch nur mühsam gebändigte Unrast, nicht selten, als geschähe es in einem Tempo, dem das Auge kaum noch zu folgen vermag. Durcheinander wie

bewimpelte Schar, anderes stolziert quer über, nimmt alternierend seinen Weg, sprüht Spitzen. Manches, das Landschaft evoziert, Solitäre schließlich, Monolithen: Stein auf Stein. Und ist, gleich wo Linie erscheint und wo nicht, überall Anwesenheit. Zwischen Nervosität und Grandezza – aller Hand Poesie.

Für Katrin Berger
Juli 1993

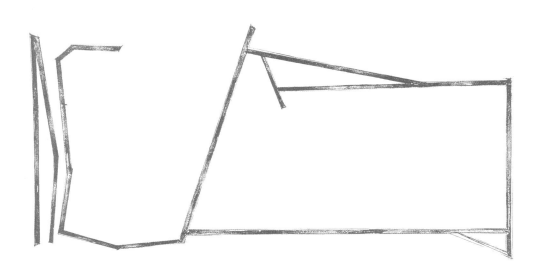

34   Nimbus Nov./Dez. 1980 56,4 x 44,5 cm

Asche 1980 20,9 x 20,9 cm

Verletzung oder Die Natur ist uneinsichtig 1980 56 x 44,7 cm

ISRING 1980 24,7 x 32,5 cm   37

38   Erinnerung an Baarlo 1980 56,4 x 44,7 cm

Pronk op Baarlo 1980 56 x 44,7 cm

Spiele auf Baarlo 1980 22,6 x 19,5 cm

Kauil 1980 25 x 32 cm

Der Aufbau der Dinge 1980 33,4 x 27,9 cm

Chesil Bank (Alle Dinge verquer) 1980 31,8 x 24,3 cm

44   INGER 1980 28 x 22,5 cm

ohne Titel 1980 55,5 x 72,8 cm   45

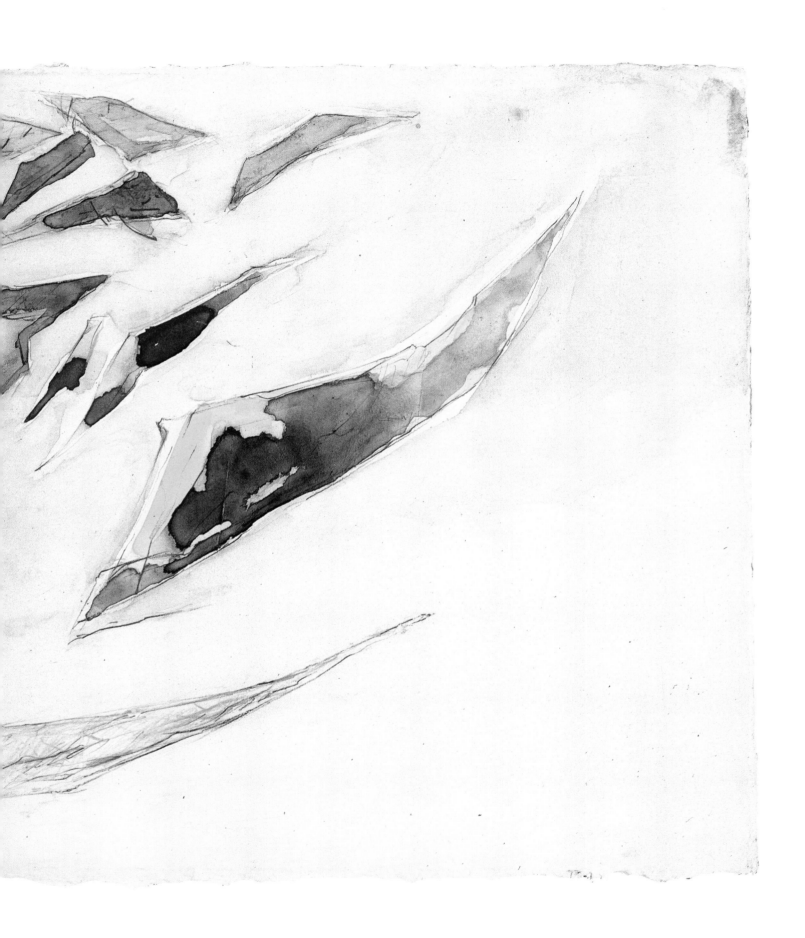

KOLK 1988 25,4 x 46,6 cm

48   Entwurf für AIGO   1986   ca. 62 x 46 cm

POKE 1989 27,9 x 22 cm

50   KARA 1990 33 x 32 cm

MAGMA 1990 70,8 x 105,6 cm

BASS 1990 31,7 x 76,8 cm

EYLL 1990 12,4 x 38,6 cm

GRUIT 1989/90 35,3 x 76,7 cm

56   GRONG 1991 32 x 30 cm

CRUYS 1991 40,5 x 35,5 cm

58   RYTH 1980 18 x 21 cm

SCHIER 1980 28,5 x 24,5 cm

60   Schichtungen 1989 18 x 33,3 cm

DU ICH 28.5.1980 33 x 24,3 cm

LUESCH 1989 24,5 x 32,5 cm

OYENS 1989 24,6 x 32 cm

MAY 1988 44,2 x 35 cm

Studie für Lithographie ca. 1988 33,7 x 21,2 cm

POEL VENN 1992 19,5 x 15,2 cm

Verblüht 1991 18 x 14,5 cm

LOUN 1989 17,6 x 16,1 cm

SCHLUS 1988 30,2 x 38,1 cm

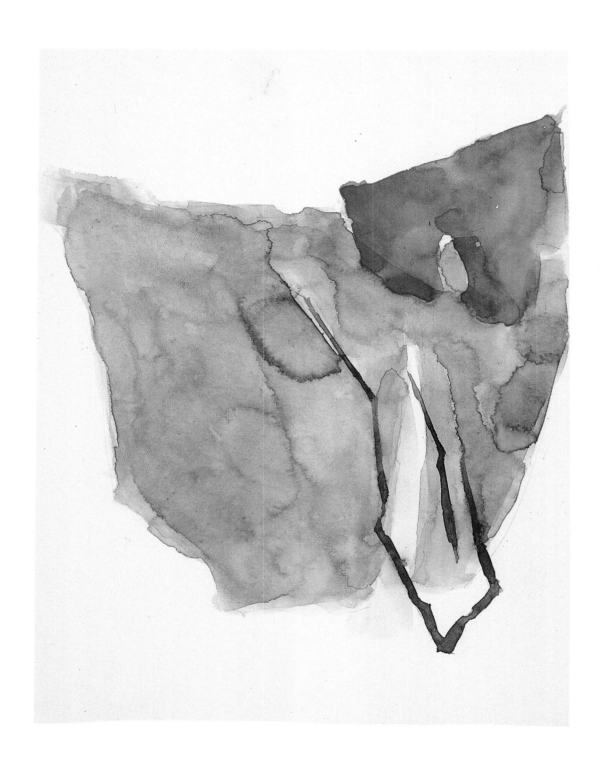

PALIX 1990 16,4 x 21,6 cm

MUHARREM 1989 18 x 15,2 cm

ELST 1990 47 x 50,5 cm

MASUT 1990 36,4 x 35,6 cm

Franz Joseph van der Grinten

BAARLO

»Pronk op Baarlo«: es ist ein leiser, verhaltener, heimlich-unheimlicher, nicht Pracht, wie man sie vom Prunk erwarten könnte, sondern der Glanz, der einen unvermutet trifft aus Tiefen und nur den, dessen Wesen durchlässig ist und geöffnet, ohne vorgefaßt äußerliche Ansprüche in Ziel und Richtung und nicht festgelegt ins sichere System der bloßen Überschaubarkeit. Was ist auf dieser Seite, was auf jener? Der Spiegel, wirft er zurück, läßt er hindurch, tut er beides, und befindet sich, wer in ihn schaut, in zwei Welten zugleich, und welche wäre die wirklichere? Baarlo ist ein Ort der Macht, der chthonischen, eine Lichtung im Auwald, ein stehendes Wasser im Röhricht, zwielichtig in Dunkelheit und Widerschein. In Paul Therstappens Gedicht schwillt es auf in den Nebeln vom gespenstischen Gefolge Frau Hellkes, der Unterweltgöttin, wabernd, Bäume, Vögel und Geister, die Stimmen und Instrumente ununterscheidbar vermischt.

Aber der sinnende Blick, der lauschend sich verschattende, ist zugleich ein scharfer, kritisch-selbstkritisch. Nichts ja, auch wenn alles nicht anders als mehrdeutig sein kann, wäre deshalb beliebig. Und mag der Verlauf des Lebens einen Ort immer wieder auf anderen Schichten und aus sich verändernder Betroffenheit wahrzunehmen und zu erleben geben, so bildet er zugleich in Bestätigung und Widerruf, Befragung und Gewißheit den Standpunkt heraus, von dem aus der, der man geworden ist, handelnd sich klärt. Klärung im Werk: die Aufgabe des Künstlers, es ist ein Sich-Mühen um die Form, die er der Botschaft gibt. Alles ist Proportion. Schon graduelle Verschiebungen der Flächenumrisse oder des Richtungswinkels verändern die Welt ganz, geben ihr neben den schon formulierten ein neues Bild. Ein neues Geflecht denn aber auch, sichtbar wie unterschwellig. Was ist Raum, was Fläche, was Tiefe? Antwortet diese dem Raum, ist sie ein Raum selbst, ist sie der Gegenraum? Und die Fläche, scheidet sie oder verbindet? Wie kann sich das Kleine dem Großen gewachsen zeigen, wie der Körperhaftigkeit die bloße Linie? Wir sehen auch das, was nicht ist, und füllen es auf, weil die Leere uns unsicher macht, die des Unendlichen wie die des Bodenlosen.

Alles ist Zeichen und Gleichnis. Kein Umriß aber, nicht einer und sei er noch so präzis gezogen, der nicht zugleich andere Wesenheiten in sich bergen würde als er meint. Und meint selbst sein Schöpfer immer nur eines; ist er sich nicht des Masken- und Verkleidungsspiels bewußt, aus dem die Schöpfung lebt, die große äußere und seine innere selbst? Nichts ist abstrakt und nichts konkret, nichts ohne Inhalt und nichts wirklich greifbar. Der Vergleich, der wörtlich ein Gleichmachen meint, stellt die Unterschiede heraus, aber ohne das, was analog erscheint, bliebe die Erkenntnis auf der Strecke. Sie will aber gewonnen sein und ergibt sich aus der Nuance. Alles, was ist, ist zugleich anders. Jeder Schritt, auch der auf schon begangenem eigenem Pfade, lohnt. Einer Botschaft einen anderen Ausdruck geben, eine andere Formulierung, ein anderes Satzgefüge, heißt auch ihren Sinn verändern, ihren Klang, so Rhythmus wie Kadenz, und diese sind es, die einen neuen Reiz auszusenden vermögen. Ein Tun ohne Ende und unerschöpflich.

Der Blick des Künstlers ist Durchblick allemal. Er sieht, hat er die Wasserfläche vor Augen, sie selbst mit allem, was sie trägt, umfaßt oder berührt, und zugleich, in wechselnder Fokussierung, das, was sie spiegelt, und das, was sich unter ihr regt. In den Wolken, die über den Himmel ziehen, scheint die Unterwelt sich zu verschleiern, und Fische schweben gleich Flugkörpern im Äther; Raum, Fläche und Tiefe werden eins. Vollends aber wird der Teich zum Spiegelglas, wenn der Blick durch das hindurch, was hochgewachsen sich um seine Ufer erhebt, das Licht zerteilt sieht von Umrißformen in dunkler Schärfe: ein Spiegel in Scherben gewissermaßen, glitzernd; im Geflecht, wie es scheint, ein zerstückelter Körper selbst. Heinrich Gillis Görtz summiert so, wie er vereinzelt. Ein Bildgrund, der, auch wenn er in den gemalten Bildern farblich-plastisch angereichert wurde, leer ist wie das Blatt der Graphik, trägt die Teile des Bildes unverbunden zusammen und hält ihr Gewicht in gespannter Schwebe, sozusagen schwimmfähig, wenn man beim Gleichnis des Teiches, dem auslösenden, bleiben will. Prägnante Flächenkörper mit vielfach gebrochenem Umriß und ohne die Weichheit der Biegung, angespannt in der sie umfassenden Lineatur, in der Balance gehalten durch Konzentration, in einer schwebenden und dennoch schweren, unverbunden oft auf dem weiten Weiß des Blatts. Die Nachdenklichkeit des Niederungsbewohners macht sie still; wie er sind sie aller Hektik, allem Haschen nach Beachtung abgekehrt. Ihr Reichtum schlägt nach innen: bei aller Verdichtung und Verknappung entbreitet sich dort der Reiz der Valeurs tiefgeschöpft und um so geheimnisvoller, als sie körpergebunden verbleiben und nicht hinausdringen über den Kontur, der in seiner definitiven Festigung unumstößlich scheint. Unterschiedliche Gewichtung, unterschiedliche Dichte, und es ist die leere Gegenform, die eingekreiste, die, kaum noch den Ausweg findend zwischen ihnen, selbst zum Körper werden könnte: Blick durchs Schilf, ein Wechselspiel von Dichtigkeit und Leere, ausgetragen mit gleicher Kraft im Austausch von Helle und Dunkelheit.

Aber was ist letztlich was? Das Wasser ein Scherben, das Licht eine Drucklast, die Tiefe eine Haut. Der Stengel ein Speerschaft, das Blatt die Klinge von Dolch oder Axt und doch auch Vogel vielleicht, wie so oft im früheren Werk, mit Schnabelhiebschärfe und Krallengespanntheit und dem zugleich freien Schwingen der Flügel im Raum. Baarlo ist ein Ort der Mächte und des Zaubers, eines spröden, der das Licht zum Komplizen der Dunkelheit macht. In seiner Modellierung, die sich jenseits der Schärfe ins Vage wendet, hebt er sich denn also: der Zug der Wesen zwischen den Sphären, wahrgenommen und dargestellt mit der phantasiebereiten Nüchternheit des Menschen aus der Tiefebene, der in ihrer reichen Staffelung des Graus mehr Dinge sieht unter dem hohen Himmel und der flachen Erde, als alle Schulweisheit sich träumen läßt.

TIPASA (Baarlo-Zyklus 1) 1984 97 x 150 cm

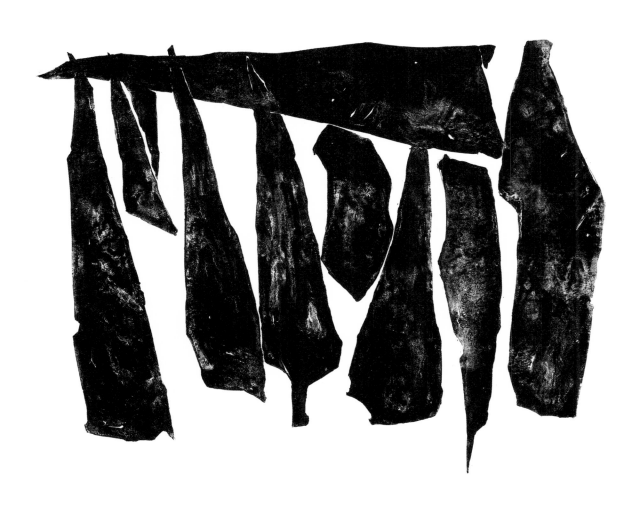

CHENUA (Baarlo-Zyklus 2) 1984 97 x 150 cm

CHARAS (Baarlo-Zyklus 3) 1984 71 x 105 cm

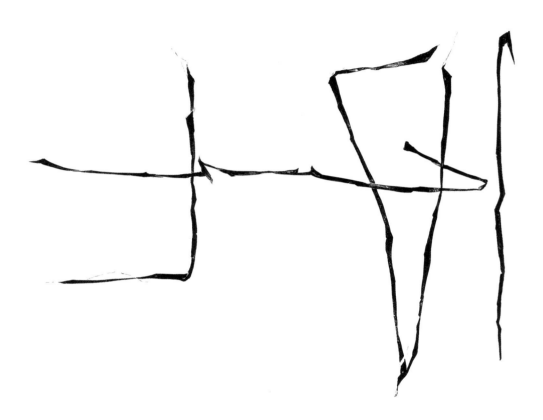

YILDRIM (Baarlo-Zyklus 4) 1984 97 x 150 cm

ANAU (Baarlo-Zyklus 5) 1984 97 x 150 cm

GALATA (Gegen die Sonne) (Baarlo-Zyklus 6) 1984 97 x 150 cm

MEDINA (Baarlo-Zyklus 7) 1984 97 x 150 cm

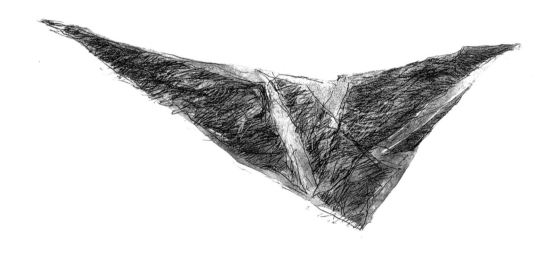

CIGNO NERO (Baarlo-Zyklus 8) 1984 71 x 105 cm

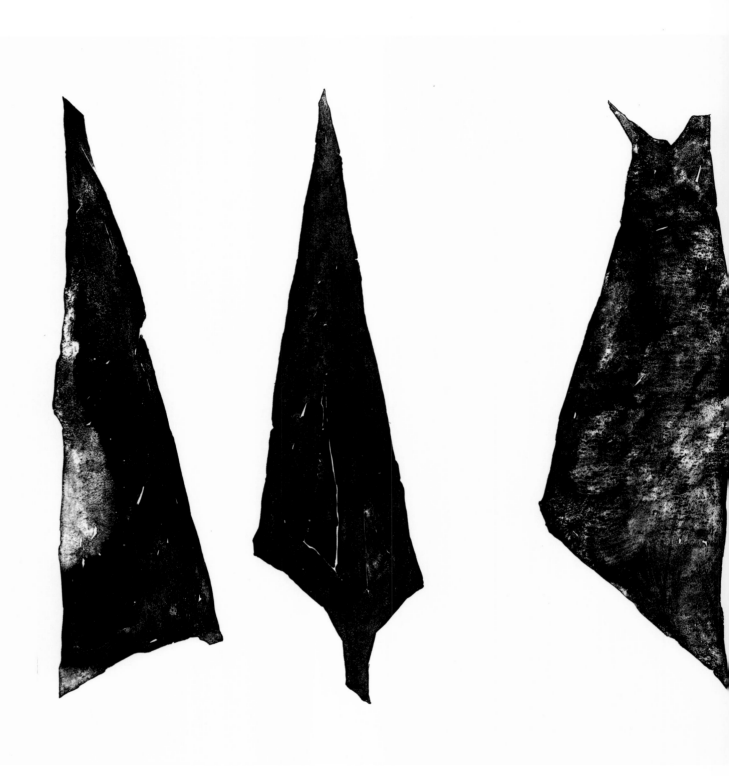

COLTELLO (3tlg.) (Baarlo-Zyklus 9) 1984 150 x 291 cm

GIND (2tlg.) (Baarlo-Zyklus 10) 1984 150 x 194 cm

CHESME (Baarlo-Zyklus 11) 1985 97 x 150 cm

ROTER SOMMER / SHEKI (Baarlo-Zyklus 12) 1985 97 x 150 cm

TROODOR (2tlg.) (Baarlo-Zyklus 13) 1985 150 x 194 cm

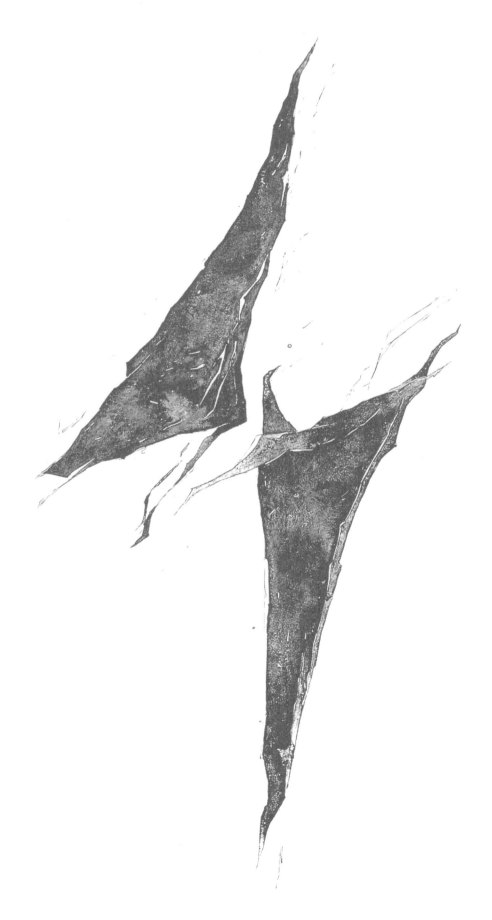

TINGIS (Baarlo-Zyklus 14) 1986 224 x 97 cm (3 Expl. auf 212 x 97 cm)

CHAMSIN (Baarlo-Zyklus 15) 1986 97 x 237 cm

XIRA (Baarlo-Zyklus 16) 1986 97 x 150 cm

MERW (Baarlo-Zyklus 17) 1987 150 x 97 cm

HAMID (Baarlo-Zyklus 18) 1989 97 x 160 cm

ATTARIN (Baarlo-Zyklus 19) 1989 97 x 160 cm

KSAR (Baarlo-Zyklus 20) 1990 97 x 150 cm

TAMR (Baarlo-Zyklus 21) 1990 150 x 97 cm

OTIS (Baarlo-Zyklus 22) 1990 270 x 97 cm

PIEDRAS NEGRAS (Baarlo-Zyklus 23) 1990 97 x 150/160 cm

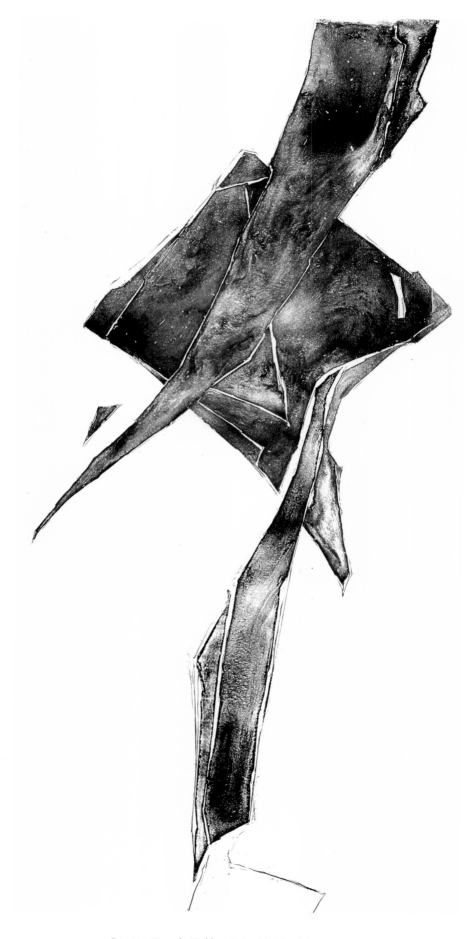

PALAU (Baarlo-Zyklus 24) 1991 200 x 97 cm

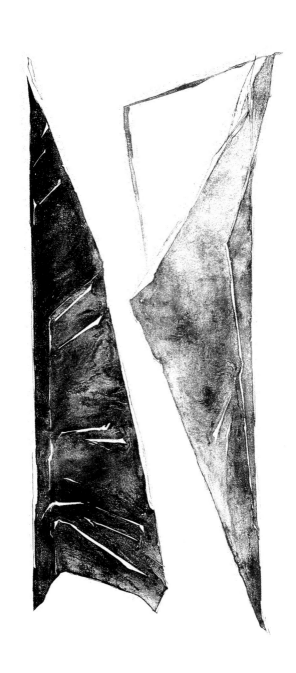

ORSOY (Baarlo-Zyklus 25) 1991 160 x 97 cm

REET (2tlg.) (Baarlo-Zyklus 26) 1991 160 x 189 cm

GEER (Baarlo-Zyklus 27) 1992 240 x 97 cm

Joachim Peter Kastner

ZUR GRAPHISCHEN KUNST VON HEINRICH GILLIS GÖRTZ

Die Blätter, die hier ausgestellt sind und die ein sehr geschlossenes Bild ergeben, möchte ich in erster Linie als zeichnerische Arbeiten charakterisieren, wobei ich unter Zeichnung nicht unbedingt eine Arbeit auf Papier verstehe – man kann auch auf die Wand oder die Leinwand zeichnen oder auf andere Gegenstände. Ich meine auch bei Zeichnung nicht unbedingt die Dominanz des linearen Schwarz-Weiß-Arbeitens – man kann ja auch mit Farben zeichnen. Eigentlich spielt das Material bei der charakteristischen und wesensmäßigen Bestimmung dessen, was Zeichnung ist, keine Rolle. Eine Bedeutung hat, so glaube ich, vor allem der Grund, das, worauf gezeichnet wird. In einem Bild ist immer das eine Zeichnung zu nennen, was wesentlich vom Grund her bestimmt ist, vom Bildträger her, der von der Zeichnung nie wirklich ganz bedeckt ist, der also in der Weise, wie er bezeichnet wird, in das Bild hineinwirkt. In einem Gemälde wird dieser Grund oder Bildträger völlig bedeckt und verwandelt, in einer Zeichnung bleibt er immer das Wesentliche. Zeichnungen sind Organisationen von Strichen, Linien, Farben auf einer Fläche, wobei die unbedeckten Partien der Fläche in einer bildmäßigen Wirkung maßgeblich bleiben.

Das gilt im übrigen auch für die Werke, bei denen der Grund auf besondere Weise behandelt ist. Görtz hat viele Bildträger gespachtelt oder grundiert. Hier hat die zeichnerische Arbeit mit dem Stift ein wenig Ähnlichkeit mit dem Vorgang, der heute leider nur noch selten geübt wird, der Silberstiftzeichnung. Mit Silberstift zeichnet man auf einen zumeist mit Kreide präparierten Grund, auf dem das Silber seine oxidierende Spur hinterlassen kann. Die Kreide hat die Oxidation beschleunigt, ähnlich kommt mir das manchmal hier vor. Es ist mit Bleistift gemacht, aber es hat eigentlich mehr die Qualität eines Oxidationsvorganges.

Auch die Farbe ist zeichnerisch verwandt, jedenfalls nie so, daß sie flächendeckend ein Bild bestimmt. Das hat mit den Formen zu tun. Das ist der zweite Punkt, über den ich sprechen will, die Formen, die auf den Bildern zu sehen sind, die eigentlich ihre Herkunft im Handwerklichen aus dem Informel haben, aus dem Arbeiten, das sich nicht in eine Gestalt gegenständlicher oder figurativer Gebundenheit bringen läßt.

Die Formen, die Görtz findet, ähneln sich, insofern in allen eine dreieckige Grundfigur zu liegen scheint. Hier sieht man ein langezogenes Dreieck, eine sehr spitze Form. Oft sind die Seiten dieser Formen nicht nach außen gewölbt, sondern nach innen; die Form bekommt damit eine gewisse Schärfe. Man denkt bei einzelnen Bildern an Messerklingen oder an zersprungenes Glas. Überhaupt scheint der Bereich der Assoziationen, also das, was einem so einfällt, wenn man ein Bild anschaut, sehr groß zu sein, gerade im gegenständlichen Bereich. Diese Formen sind teilweise sehr gebündelt, sehr klar gegeneinander abgegrenzt, bei einigen farbigen Arbeiten sogar auch noch sehr stark kontrastiert. In einigen früheren Blättern aus den 80er Jahren scheinen die Formen eher einem Liniengespinst zu erwachsen oder auch umgekehrt sich darin zu verlieren. Die Formfindung, die bei Görtz etwas Spielerisches hat und vielleicht auch etwas, was mit organischen Vorgängen in einer bildnerischen Arbeit zu tun hat, steht im Gegensatz zu solchen Beispielen, bei denen die Formen wie Bruchstücke nebeneinander stehen und nichts miteinander zu tun haben, und sich auch nicht irgendwie organisch verbinden lassen, selbst wenn sie sich überschneiden oder gegenseitig einschneiden.

Unbemerkt und vielleicht ein wenig zu schnell führt der Versuch, die Formen zu beschreiben, in den Bereich der Assoziationen. Die Bilder suggerieren zerbrochenes Glas, Blätter, fliegende Gegenstände, Schilf- oder Grashalme, also natürliche, organische Stoffe, aber auch sogenannte anorganische. Man denkt an solche unterschiedlichen Materialien wie Laub, Blätter, etwas, was man in der Natur sehen kann, im Herbst vor allem oder im Winter, wenn das Schilf vertrocknet aus dem zugefrorenen oder verschneiten Boden stakt. Es stellen sich aber zugleich auch andere Assoziationen ein, man denkt an künstliche Abfallprodukte oder irgendwelche Dinge, die aus einem technischen Herstellungsprozeß stammen.

Diese Tatsache, daß man die Bilder von Görtz sehr stark assoziativ wahrnehmen kann, daß man also vom informell zeichnerischen Vorgang in eine Bildwelt hineingeführt wird, die man sehr unterschiedlich assoziativ füllen kann, je nachdem, womit man aus eigenen Erlebnissen irgendwie beitragen kann, dies scheint mir eine Besonderheit zu sein an dem informellen Künstler Görtz. Wenn ich davon ausgehe, daß die informellen Künstler eigentlich mit dem Abstrakten, mit dem Ungegenständlichen ein Bild auf ganz andere Bedingungen zurückführen wollen als gerade auf den Bereich des Erlebnishaften im Sinne gegenständlicher Bildlichkeit, dann scheint mir diese assoziative Qualität an seinen Bildern sehr bemerkenswert zu sein.

Ich finde es sehr überzeugend, daß Görtz an den informellen Vorgängen im Moment der Herstellung des Bildes festhält, und ich finde es ganz wunderbar, daß er es nicht einfach im Gestischen beläßt und sich nicht einfach mit dem spontanen Manuellen, dem Zeichnerischen begnügt, sondern daß er uns mit sehr subtilen Mitteln erlaubt, sehr viel aus unserer eigenen Erfahrung hier einzubringen, daß er unsere bildliche Erfahrung mit seinen Mitteln wachruft und auftut... Dabei verwandeln sich seine graphischen Qualitäten für uns in gefühlsmäßige Erlebnisse, die wir letztendlich doch stärker empfinden, als daß wir sie sachlich beschreiben können.

(Gekürzte Aufzeichnung der Eröffnungsrede zur Ausstellung von Heinrich Gillis Görtz am 9. Juni 1990 in der Galerie Geiger in Kornwestheim bei Stuttgart.)

110   Mondnacht 1992 76,5 x 108,5 cm

MURMUR 1990 76,6 x 108,5 cm

BOUKOUL 1990 80 x 100 cm

ohne Titel 1989 14,2 x 13 cm

114   MYRICA 1990 30 x 40,2 cm

BARRIO 1990 32,5 x 25,7 cm

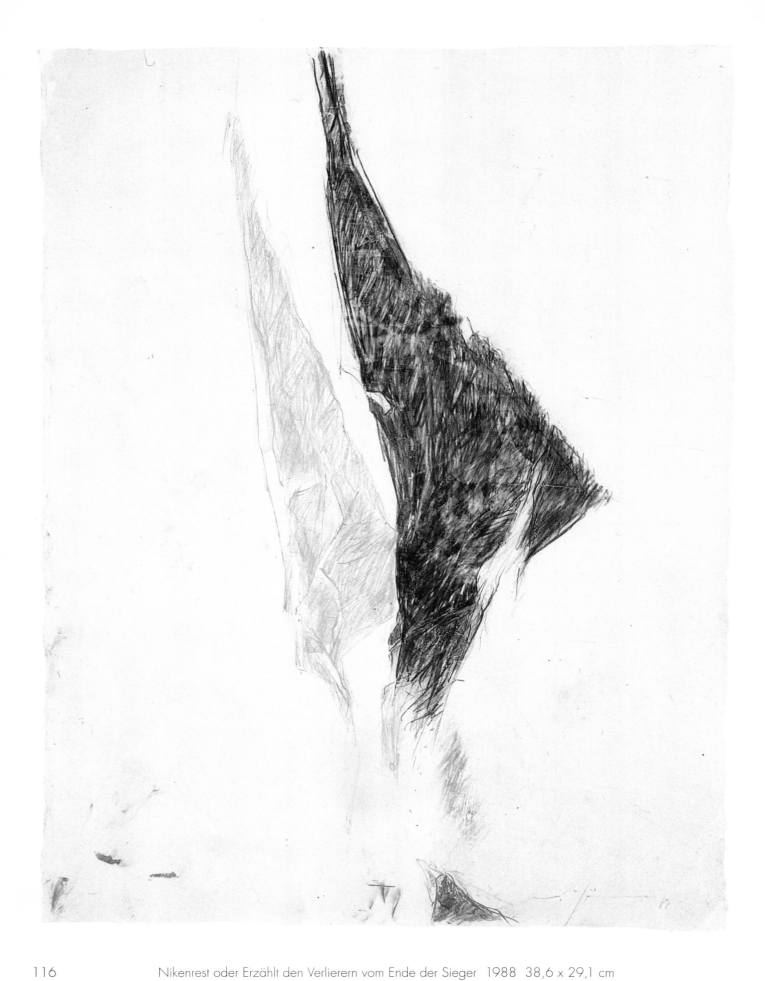

116 Nikenrest oder Erzählt den Verlierern vom Ende der Sieger 1988 38,6 x 29,1 cm

GRAV 1988 34 x 25,4 cm

IJSSEL (II) 2.3.1989 16,1 x 18,2 cm

GYR 1989 38,5 x 38,7 cm

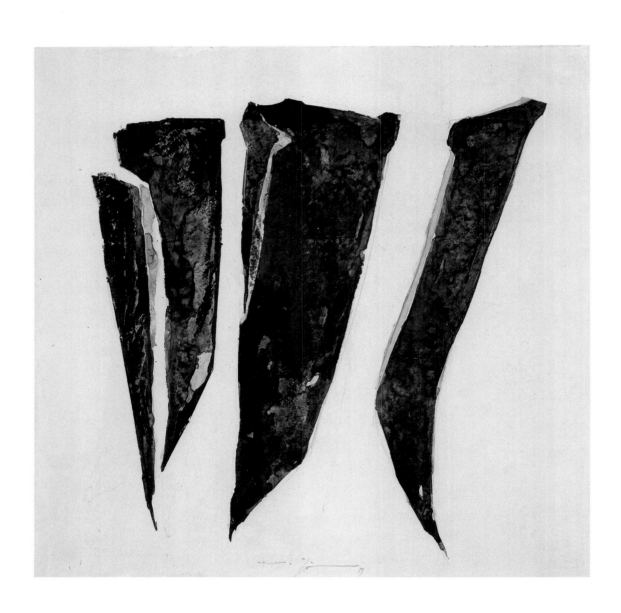

120   SCHATT 1989 32,7 x 32,6 cm

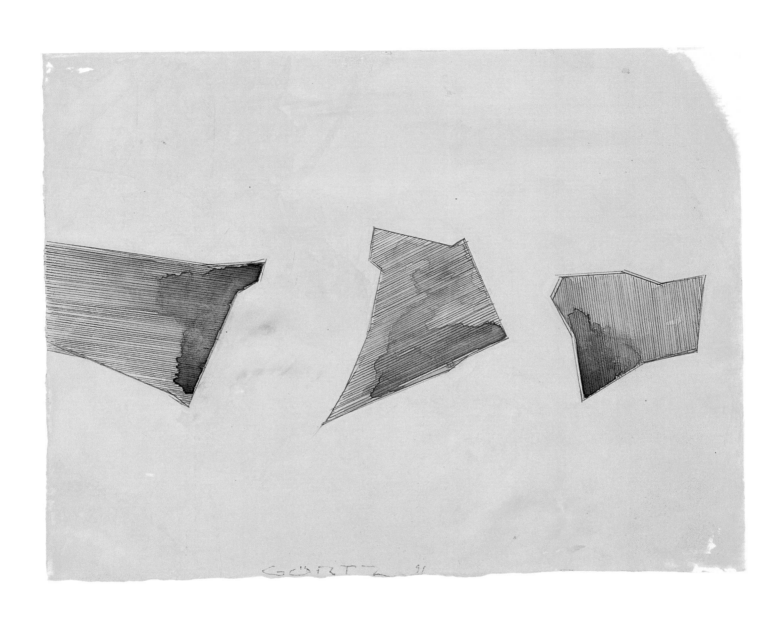

Moos 1991 16,7 x 21,4 cm

JANES 1990 27,5 x 20,6 cm

Millendonk II 1989 23,9 x 10,7 cm

JÜYS 1989 30,2 x 32,2 cm

VREE 1992 17,7 x 21,1 cm

wind - verflochten 1992 10,4 x 18,1 cm

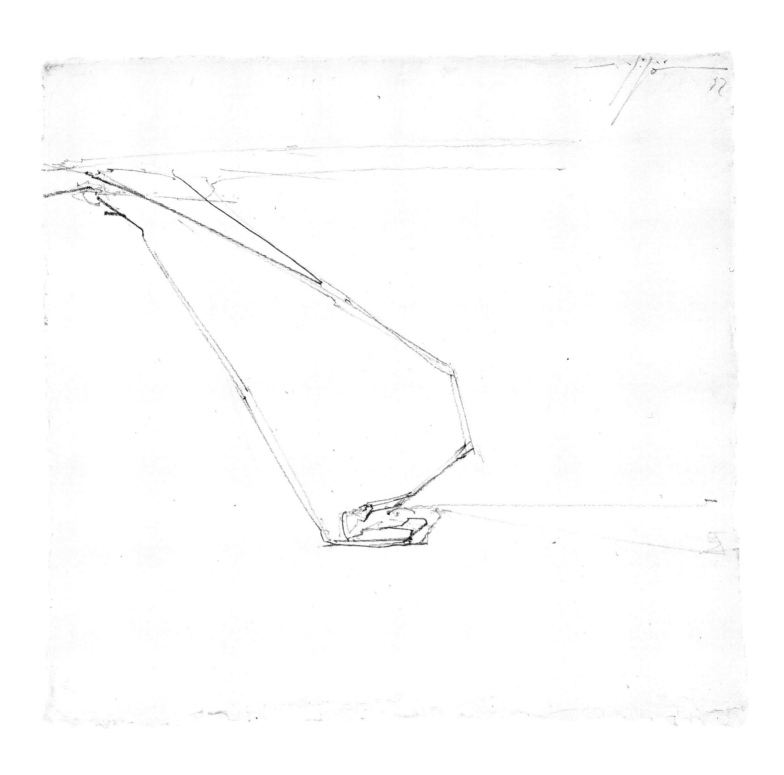

wind - verflochten II 1992 22,5 x 22,7 cm

TOLLER BAUM 1990 17,9 x 14,1 cm

Mantis 1991/92 21,3 x 20,4 cm

KOUL 1989 21,7 x 16,8 cm

KEENS 1990 26,8 x 27,4 cm

ohne Titel 1990 28,7 x 20,2 cm

ohne Titel 1990 21,7 x 19,3 cm

MOORS 1990 24,6 x 19,1 cm

LOE ARK 1990 24,8 x 21,4 cm

136   HOOTH 1989/90 52 x 76,8 cm

DONK 1989 76,8 x 75,5 cm

When weeds, in wheels, shoot… 1988 26,3 x 27,4 cm

Eine Art Lied oder Vollkommen in Lüften 1989 30,5 x 31,5 cm

TOKEN 1988 38,4 x 48,4 cm

PLOOG 1990 124,5 x 200 cm

KRINS 1988 42,5 x 33,3 cm

144   Blooten/Rausch 1990 38 x 54,7 cm

SGOMULLEN 1990 47,3 x 76,6 cm

WAE 1992 24 x 30 cm

LOO 1990 76,8 x 108,5 cm

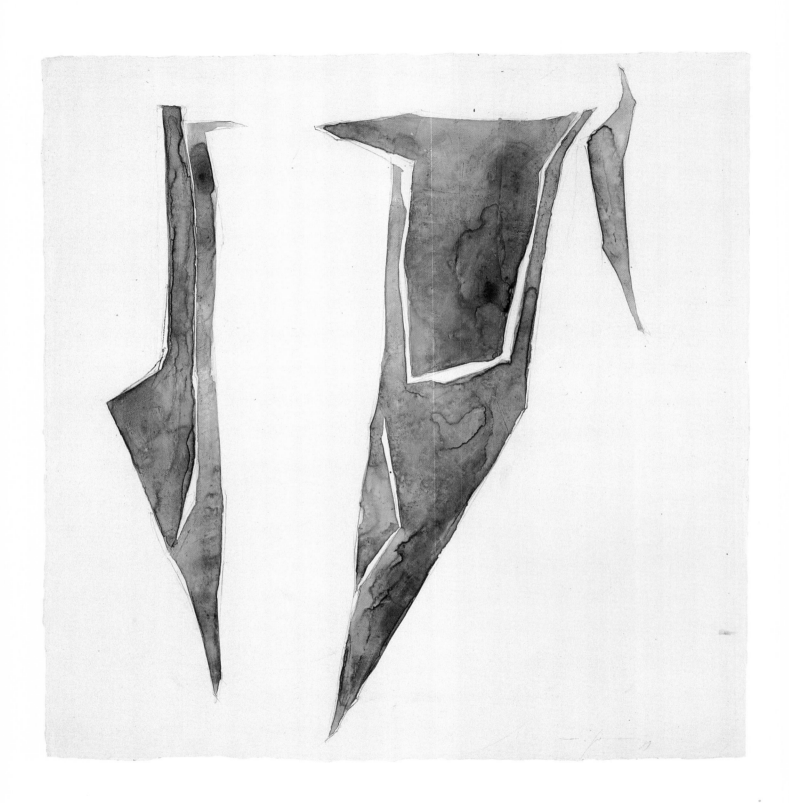

DIUMENGE 1989 43,7 x 42 cm

BEY 1989/90 106 x 76,5 cm

GAGAT 1990 76,4 x 107,8 cm

WITT 1989 79,8 x 76,8 cm

KOVER 1991 31,7 x 33,1 cm

154

BIOGRAPHISCHE DATEN

1940   Am 30. Juni geboren in Nettetal-Lobberich, im Niederungengebiet von Rhein und Maas. Noch vor Ende des Krieges gilt der Vater als vermißt.

1955 – 1960   Lehre zum Entwerfer in der Textilindustrie, anschließend Angestellter. Besuch von Abendkursen an der Werkkunstschule Krefeld.

1960 – 1966   Studium der Malerei und der Freien Graphik an der Werkkunstschule Krefeld bei Sackenheim und an der Kunstakademie Düsseldorf bei Macketanz, Götz, Hoehme und Faßbender.

1963/64   Erste Radierungen, dem Informel verbunden. Farbige Zeichnungen mit Spachtelmassen als Grund- und Decksubstanz, die in Schichtungen und Auftrag Vorheriges durchscheinen lassen.

1964   Erste Ausstellungsbeteiligungen in Krefeld und Düsseldorf.

1965   Zeichnungen auf Transparentpapier, Aktstudien, die in mehrfacher Überlagerung verschiedene Aspekte und Intentionen zusammenfügen und so ein Zusammensehen ermöglichen. Transparenz als Erkenntnisstruktur und ästhetische Qualität. Erste Reise nach Marokko und nachfolgend Beschäftigung mit islamischer Kunst. Erste Zeichnungen von Gehirn und Schädel. Studien an der Medizinischen Akademie / Universität Düsseldorf (Präparate, Röntgenbilder).

1966   Eigenes Atelier in Düsseldorf, Meisterschüler bei Faßbender. Beginn der Lehrtätigkeit an der Werkkunstschule Krefeld. Beteiligung beim Kunstpreis der Jugend in Baden-Baden. In den folgenden Jahren Arbeit zum Thema »Zerebral«. Verwendung von durchsichtigen Materialien: Wachse, Paraffine, Kunststoffe.

1967   Beteiligung beim Kunstpreis Junger Westen, Recklinghausen.

1969   »ZEREBRAL – VERFREMDUNGEN«, Mappe mit sechs Farbradierungen und einem Vorwort von Hans Schadewaldt, Verlag Düsselberg, Krefeld. In der Galerie des Verlages erste Einzelausstellung.

1970   Hauptamtlicher Dozent für Zeichnen an der Werkkunstschule Krefeld.

1974   Professor im Fachbereich Design der Fachhochschule Niederrhein, Krefeld.

1975   Beteiligung beim Kunstpreis Junger Westen, Recklinghausen. Einzelausstellung von Zeichnungen im Kaiser-Wilhelm-Museum, Krefeld. Umzug nach Krefeld.

1977   »eine linie die wie ein stillstehender tanz brennt«, Mappe mit fünf Steingravuren zu Gedichten von Käte Reiter, Verlag Düsselberg.

1979   »Feste der Menschen – Feste der Augen«, Mappe mit vier Farbradierungen und Textauszügen aus »Zustimmung zur Welt« von Josef Pieper, Verlag Düsselberg.

1980   Beginn der Baarlo-Thematik, farbige Zeichnungen.

1983   Heirat mit Katrin Berger.

1984   Es entstehen die ersten großformatigen Lithographien zum Baarlo-Zyklus, die im selben Jahr noch im Leopold-Hoesch-Museum Düren ausgestellt werden. Bis zum Abschluß im Jahr 1992 wächst diese Folge mit z.T. mehrteiligen Blättern auf 27 Lithographien.

1985/88   Reisen in die Sowjetunion und nach Zentralasien (Baku, Aschchabad, Merw, Samarkand).

1987   Einrichtung von Atelier, Werkstatt und Wohnung in Nettetal.

1990/91   Mehrere Krankenhausaufenthalte, Herzoperation, danach von den Dienstpflichten entbunden. Es entstehen die Arbeiten zum Thema »Die Messer der Zeit«.

1993   »Erdschatten«, Mappe mit vier Lithographien, Edition Steinmetz, Bonn.
Seit 1975 Einzelausstellungen und Ausstellungsbeteiligungen in Museen und Galerien des In- und Auslandes.
Arbeiten in Museen, u.a. in Krefeld, Offenbach, Düren, Kaiserslautern, Ludwigshafen, Erlangen.

VERZEICHNIS DER ABBILDUNGEN

Die Angaben der Maße erfolgen Höhe vor Breite. Falls nicht anders angegeben, befinden sich die Arbeiten im Besitz des Künstlers.

52	BASS, 1990 Bleistift, Aquarell 31,7 x 76,8 cm	64	MAY, 1988 Farbspachtel auf Pappe, Tusche 44,2 x 35 cm		Der Baarlo-Zyklus (Lithographien) gedruckt auf Rives-Bütten 400 gr./qm Nr. 7 und 10 auf Green-Bütten 300 gr./qm:

<table>
<tr><td>52</td><td>BASS, 1990
Bleistift, Aquarell
31,7 x 76,8 cm</td></tr>
</table>

52 BASS, 1990
Bleistift, Aquarell
31,7 x 76,8 cm

53 EYLL, 1990
Bleistift, Aquarell, Tempera auf
Pappe
12,4 x 38,6 cm

54 GRUIT, 1989/90
Blei- und Farbstift, Aquarell
35,3 x 76,7 cm
Besitz Sparkasse Nettetal

56 GRONG, 1991
Öl auf Leinwand
32 x 30 cm

57 CRUYS, 1991
Öl auf Leinwand
40,5 x 35,5 cm

58 RYTH, 1980
Bleistift, Aquarell
18 x 21 cm
Besitz Pfalzgalerie Kaiserslautern

59 SCHIER, 1980
Farbspachtel, Bleistift, Aquarell
28,5 x 24,5 cm
Besitz Pfalzgalerie Kaiserslautern

60 DU ICH, 28. 5. 1980
Farbspachtel, Bleistift, Aquarell
33 x 24,3 cm

61 Schichtungen, 1989
Bleistift, Aquarell
18 x 33,3 cm

62 LUESCH, 1989
Farbspachtel, Bleistift
24,5 x 32,5 cm

63 OYENS, 1989
Bleistift, Aquarell
24,6 x 32 cm

64 MAY, 1988
Farbspachtel auf Pappe, Tusche
44,2 x 35 cm

65 Studie für Lithographie,
ca. 1988
Lithotusche auf Bütten
33,7 x 21,2 cm

66 POEL VENN, 1992
Paintstick, Aquarell
19,5 x 15,2 cm

67 Verblüht, 1991
Paintstick, Aquarell
18 x 14,5 cm

68 LOUN, 1989
Aquarell
17,6 x 16,1 cm

69 SCHLUS, 1988
Bleistift, Aquarell
30,2 x 38,1 cm

70 PALIX, 1990
Aquarell
16,4 x 21,6 cm

71 MUHARREM, 1989
Tusche, Tempera
18 x 15,2 cm

72 ELST, 1990
Bleistift, Aquarell
47 x 50,5 cm

73 MASUT, 1990
Bleistift, Aquarell
36,4 x 35,6 cm

Der Baarlo-Zyklus (Lithographien)
gedruckt auf Rives-Bütten 400 gr./qm
Nr. 7 und 10 auf Green-Bütten
300 gr./qm:

76 1 TIPASA, 1984
(schwarz)
97 x 150 cm

77 2 CHENUA, 1984
(schwarz)
97 x 150 cm

78 3 CHARAS, 1984
(schwarz/schwarz, Transparent, rot/Steingravur)
71 x 105 cm

79 4 YILDRIM, 1984
(schwarz)
97 x 150 cm

80 5 ANAU, 1984
(schwarz)
97 x 150 cm

81 6 GALATA (Gegen die Sonne)
1984
(schwarz)
97 x 150 cm

82 7 MEDINA, 1984
(schwarz)
97 x 150 cm

83 8 CIGNO NERO, 1984
(grau, schwarz)
71 x 105 cm

84 9 COLTELLO (3tlg.), 1984
(schwarz)
150 x 291 cm

86 10 GIND (2tlg.), 1984
(schwarz, grau)
150 x 194 cm

88	11 CHESME, 1985 (schwarz) 97 x 150 cm	101	23 PIEDRAS NEGRAS, 1990 (schwarz) 97 x 150/160 cm	110	Mondnacht, 1992 Aquarell, Farbspachtel, Acryl 76,5 x 108,5 cm

88 11 CHESME, 1985
(schwarz)
97 x 150 cm

89 12 ROTER SOMMER / SHEKI,
1985
(rot)
97 x 150 cm

90 13 TROODOR (2tlg.), 1985
(schwarz)
150 x 194 cm

91 14 TINGIS, 1986
(rot)
224 x 97 cm (3 Expl. auf
212 x 97 cm)

92 15 CHAMSIN, 1986
(schwarz)
97 x 237 cm

94 16 XIRA, 1986
(schwarz)
97 x 150 cm

95 17 MERW, 1987
(schwarz)
150 x 97 cm

96 18 HAMID, 1989
(schwarz)
97 x 160 cm, 1. und 3. Fassung

97 19 ATTARIN, 1989
(schwarz, violett)
97 x 160 cm

98 20 KSAR, 1990
(schwarz)
97 x 150 cm

99 21 TAMR, 1990
(schwarz, gelb)
150 x 97 cm

100 22 OTIS, 1990
(schwarz)
270 x 97 cm

101 23 PIEDRAS NEGRAS, 1990
(schwarz)
97 x 150/160 cm

102 24 PALAU, 1991
(schwarz)
200 x 97 cm

103 25 ORSOY, 1991
(schwarz, grau)
160 x 97 cm, 2. Fassung

104 26 REED (2tlg.), 1991
(schwarz)
160 x 189 cm, 1. und
2. Zustand

107 27 GEER, 1992
(schwarz, grau, gefärbter
Grund)
240 x 97 cm

110 Mondnacht, 1992
Aquarell, Farbspachtel, Acryl
76,5 x 108,5 cm

111 MURMUR, 1990
Aquarell
76,6 x 108,5 cm

112 BOUKOUL, 1990
Öl auf Leinwand
80 x 100 cm

113 ohne Titel, 1989
Bleistift, Aquarell auf Pappe
14,2 x 13 cm

114 MYRICA, 1990
Öl auf Leinwand
30 x 40,2 cm

115 BARRIO, 1990
Bleistift, Auquarell
32,5 x 25,7 cm

116 Nikenrest oder Erzählt den Verlierern vom Ende der Sieger,
1988
Farbstift
38,6 x 29,1 cm

117 GRAV, 1988
Bleistift, Aquarell
34 x 25,4 cm

118 IJSSEL (II), 2.3.1989
Aquarell
16,1 x 18,2 cm

119 GYR, 1989
Aquarell
38,5 x 38,7 cm

120 SCHATT, 1989
Farbstift, Paintstick, Aquarell
32,7 x 32,6 cm

121 Moos, 1991
Farbgrund, Bleistift, Aquarell
16,7 x 21,4 cm

122 JANES, 1990
Aquarell, Acryl
27,5 x 20,6 cm

123 Millendonk II, 1989
(Studie zu GEER)
Bleistift, Tusche
23,9 x 10,7 cm

124 JÜYS, 1989
Bleistift, Aquarell
30,2 x 32,2 cm

125 VREE, 1992
Ölgrund auf Papier, Bleistift,
Aquarell
17,7 x 21,1 cm

126 wind-verflochten, 1992
Bleistift, Paintstick
10,4 x 18,1 cm

127 wind-verflochten II, 1992
Bleistift
22,5 x 22,7 cm

128 TOLLER BAUM, 1990
Aquarell, Tempera, Bleistift
17,9 x 14,1 cm

129 Mantis, 1991/92
Bleistift
21,3 x 20,4 cm

130 KOUL, 1989
Bleistift, Aquarell, Ölgrund auf
Pappe
21,7 x 16,8 cm

131 KEENS, 1990
Bleistift, Ölgrund
26,8 x 27,4 cm

132 ohne Titel, 1990
Grund: Lithographie, Spachtelmasse, Paintstick
28,7 x 20,2 cm

133 ohne Titel
Grund: Lithographie, Spachtelmasse, Paintstick
21,7 x 19,3 cm

134 MOORS, 1990
Farbspachtel, Aquarell
24,6 x 19,1 cm

135 LOE ARK, 1990
Bleistift, Aquarell
24,8 x 21,4 cm

136 HOOTH, 1989/90
Streingravur, Spachtelmasse
52 x 76,8 cm

137 DONK, 1989
Bleistift, Aquarell
76,8 x 75,5 cm

138 When weeds, in wheels,
shoot…, 1988
Blei- und Farbstift
26,3 x 27,4 cm
Privatbesitz Köln

139 Eine Art Lied oder Vollkommen
in Lüften, 1989
Bleistift, Aquarell
30,5 x 31,5 cm
Privatbesitz Krefeld

140 TOKEN, 1988
Farbspachtel
38,4 x 48,4 cm

142 PLOOG, 1990
Bleistift, Aquarell
124,5 x 200 cm

143 KRINS, 1988
Aquarell, Tempera
42,5 x 33,3 cm

144 Blooten/Rausch, 1990
Bleistift, Aquarell
38 x 54,7 cm

145 SGOMULLEN, 1990
Blei- und Farbstift, Aquarell
47,3 x 76,6 cm
Privatbesitz Nettetal

146 WAE, 1992
Öl auf Leinwand
24 x 30 cm

147 LOO, 1990
Bleistift, Aquarell
76,8 x 108,5 cm

148 DIUMENGE, 1989
Bleistift, Aquarell
43,7 x 42 cm

149 BEY, 1989/90
Aquarell
106 x 76,5 cm

150 GAGAT, 1990
Farbspachtel, Aquarell
76,4 x 107,8 cm

152 WITT, 1989
Aquarell, Acryl
79,8 x 76,8 cm

153 KOVER, 1991
Öl auf Pappe
31,7 x 33,1 cm